積微致著

山东大学『百部微视频工程』成果撷萃

『百微山大』栏目组 编

山东大学出版社
SHANDONG UNIVERSITY PRESS
·济南·

图书在版编目（CIP）数据

积微致著：山东大学“百部微视频工程”成果撷萃 /《百微山大》栏目组编. — 济南：山东大学出版社，2021.12

ISBN 978-7-5607-7308-7

Ⅰ. ①积… Ⅱ. ①百… Ⅲ. ①山东大学—校园文化—概况 Ⅳ. ① G649.285.21

中国版本图书馆 CIP 数据核字（2021）第 273432 号

题　　字　徐　超
责任编辑　张韶明
文案编辑　朱若翌
装帧设计　司维东　张传涛
美术编辑　王秋忆

出版发行　山东大学出版社
社　　址　山东省济南市山大南路 20 号
邮政编码　250100
发行热线　（0531）88363008
经　　销　新华书店
印　　刷　山东新华印务有限公司
规　　格　720 毫米 × 1000 毫米　1/16
　　　　　20.25 印张　270 千字
版　　次　2021 年 12 月第 1 版
印　　次　2021 年 12 月第 1 次印刷
定　　价　100.00 元

《积微致著》编写委员会

（以姓氏笔画为序）

主　　任：桑晓旻

副 主 任：王德胜　刘明洋

主　　编：孟　丽

视频编导：丁天光　王为华　杨英波　张益凤

张　锦　林丛丛　金兆阳　徐迎春

徐　慧　郭　坦

推文撰稿：刘梦冬　李啸闻　芮乃懿

前　言

2017年，山东大学党委宣传部、新闻传播学院和广播电视台联合策划实施“百部微视频工程”，建设成果集中体现于《百微山大》这一全国高校首创的视频宣传平台。

自推出以来，《百微山大》用真心倾听教育改革发展的铿锵足音，用光影讴歌学校立德树人的深入实践，精心策划了有温度的选题，拍摄到有温度的镜头，创作出有温度的作品。其同名微信公众平台的每一期作品，都由视频、标题、头图、推文组合而成，帧帧力求完美，字字精益求精，不仅使栏目内容更为丰富，更具体塑造了极具辨识度的栏目形象。

从这里，我们看见山大。看见常新的四季晨昏，看见多彩的校园生活，看见延绵的薪火传承，看见丰厚的文化底蕴，看见一个个可敬、可感、可亲、可爱的山大人。在他们当中，有老师，有学生，有职工，有校友，有历史上的传奇人物，更有新时代的飒爽身影。他们或追忆青葱岁月，或感念师恩深厚，或歌唱青春万岁，或寄语珍惜时光，或梦想改变世界，或立志坐穿冷板凳，或逆行抗击新冠肺炎疫情，或勇攀高峰攻克科技难关，或扎根农村服务乡村振兴……具有家国情怀、担当精神、崇实品格、创新素养的天南地北山大人，把个人梦与山大梦、中国梦紧密结合在一起，把爱山大化作爱党爱国爱人民的坚实行动，把汗水智慧倾注到祖国需要的地方。

今年是中国共产党成立 100 周年、中华人民共和国成立 72 周年，在这个具有历史意义的重要年份，山东大学迎来了 120 周年华诞。自 1901 年建校以来，山东大学始终坚守“为天下储人材，为国家图富强”的初心使命，以“强校兴国”的责任担当，在与民族共命运、与时代同奋进中，书写了一部波澜壮阔、荡气回肠的宏伟诗篇。以史为鉴，开创未来。为献礼百廿校庆，《百微山大》栏目组精心挑选 120 部作品，以时间为序，从 2017 年校庆前夕推出的第一期《我用四季美景 祝你生日快乐》，到 2021 年 120 周年校庆前夕推出的《百廿山大 强校兴国》，采影成集，撷诗成书，文字与影像相映成辉，一所大学的厚度与温度，以融媒体新形式在此全感呈现。

百廿山大，积微致著。120 年的学府风采，是一朝一夕一人一事的累积沉淀。今天，让我们换一种方式来观看……

《百微山大》栏目组

2021 年 10 月

目　录

我用四季美景　祝你生日快乐

小树成林　青葱山大

视频文稿

虽然在远方　还是常想起
漫步小树林　海边迎晨曦
佛山的身影　号院的静谧
那是我的家　朴实又美丽
离开好多年　仍然常想起
老师的板书　曾经的桌椅
宿舍的吉他　同学的欢聚
那是我的家　永远在心里

无论沧桑岁月长　哪怕海角与天涯
魂牵梦萦的眷恋　我的山大我的家

凡我在处　便是山大
有你在时　那便是家

我的山大我的家

视频刊播于 2017 年 10 月 13 日

早餐出炉记

平凡卅载　不凡坚守

“‘山东’二字满可以用作朴俭静肃的象征……山大是最带山东精神的，这个精神使我们朴素，使我们能吃苦，使我们静默，是一种强毅的精神。”曾在山大执教的老舍先生如是说。

凌晨三点的那盏灯，面板上的那双手。山大食堂的赵师傅带给我们的早就不仅仅是美味的早点，更是值得珍藏的回忆。三十年，他用千千万万份早点慰藉我们的胃，也温暖我们的心。

阴晴雨雪，天未破晓他匆匆忙碌，只因心怀热爱；春秋冬夏，四季轮回他坚守岗位，只因山大情怀。

嘿，SDUers，明天约个鸡蛋饼吧。

视频文稿

【同期声】赵甲林 山东大学齐园餐厅主任

我叫赵甲林，1987 年来山东大学从事饮食工作，到今年已 30 年了。我每天都是三点起床，让他们（员工）多休息一会儿，我把前期工作都做好，和好面、稀饭熬好以后，他们来了以后出锅。八号食堂就是一个大伙房，既要保证学生吃饱，也得要学生吃好。

【字幕】

凌晨四点，面食师傅准时到岗。

【同期声】赵甲林 山东大学齐园餐厅主任

早餐没有半成品，全是自制的，工作量很大，每天都好像上战场打仗似的。

【字幕】

一个小时内每位师傅要包出 300 个小笼包，平均每分钟至少 5 个。

【同期声】赵甲林 山东大学齐园餐厅主任

我们分工很细，有做饼的，有包包子的，有烙的，有烤的，各负其责。一分钟不能耽误，一个人一分钟，20 个人多长时间，你可想而知。一环扣着一环，你哪个环节出了问题接不上都耽误时间。说实在话，我们这儿的员工每个人都跑着似的。

食堂有五台炉子，流水线作业，一时一刻也不能停，一分钟转这一圈五个锅。从早晨五点半一直烙到九点，在这个电饼铛跟前温度相当高，大约在 40 多度，冬天暖和，人还很舒服，但是天气变热了，人就感觉不适应，太不舒服了。

【字幕】

每天仅鸡蛋饼就要用掉 300 斤鸡蛋、350 斤面粉。40 多度的高温下，赵师傅每天要做出3000张鸡蛋饼，三个半小时不能有任何休息。

早晨六点半，迎来第一批就餐学生。

【同期声】赵甲林 山东大学齐园餐厅主任

小笼包、鸡蛋饼、荷叶饭、蛋包饭，这些都是学生挺喜欢的早餐，鸡蛋饼是1996年我自创的，小笼包也是我们这个团队研发的。

【字幕】

在赵师傅的带领下，齐园餐厅的鸡蛋饼、小笼包班组被评为山东大学“青年文明号”。

【同期声】赵甲林 山东大学齐园餐厅主任

我没有节假日，我喜欢这个工作，我爱这一行，真是拿山大当家了。我所做的工作往小了说是养家糊口，往大了说我也是培养了咱国家的栋梁、咱山东大学的学生。我最大的愿望是咱山大的毕业生，十年、二十年以后再回到母校，还想尝尝我所做的鸡蛋饼和小笼包。

【字幕】

平凡的三十年，不平凡的坚守。

鸡蛋饼已经成为山大人共同的早餐记忆。

视频刊播于2017年10月22日

飞得更高

我心飞翔　志在云天

你一定也曾做过飞翔的梦吧？

飞翔的梦，一定不是端坐平流层，透过小小的玻璃窥见一点蓝。

真正的飞翔，或许不必扶摇直上九万里，不必会当击水三千里，也不必翻腾十万八千里。

只要……只要像鸟儿一样就够了。

管他什么跑道航线，只要能够自由地掠过树梢，换一种姿态穿过熟悉的校园小路，和小树林上盘绕的秋风打声招呼，与天工湖里荡漾的秋波对影成三人，同知新楼上庄严的大钟相看两不厌……那该是多么美妙啊。

我们的身体还是没能长出翅膀。还好，那些不肯放弃梦想的人，让我们的眼睛得以飞翔。

视频文稿

【同期声】毕敬 山东大学控制学院 2013 级学生

我开始就想做无人机，因为我觉得它很酷，觉得它很炫。这个项目没有任何资源，不像很多别的项目，以前师兄做过。无人机完全没有人做过，很多东西完全不知道，也不了解，很迷茫。

从自己焊电路板，然后去淘宝在深圳打板开始做。刚开始的时候也炸机，电机和螺旋桨都是一箱子一箱子地买。刚开始的时候，四个螺旋桨是一个颜色，后来成了两个一个颜色，再后来就是一个螺旋桨一个颜色。

原来我想着去学习一个东西，去推一个项目，可能觉得如果是从零开始做，会更有成就感。但是后来我发现其实并不是这样，老师介绍我们去跟博士、硕士研究生去交流，然后我们才有了方向。从原来闷头去写程序，到后来我们一直讨论对整个问题的处理，最后才有了比较好的结果。

【字幕】

无人机团队研发的自动捕捉追踪功能。

【同期声】毕敬 山东大学控制学院 2013 级学生

很多事情要靠我们去做，既要靠别人的资源，也要靠他人的帮助，完全不是说闭门造车就可以了，因为别人的经验永远是最宝贵的，尤其是别人失败的经验。（现在）用最基础的电路板，咱们可以直接做一架飞机出来，因为它的这个机架咱也是可以 3D 打印出来的，完全可以自己做一个飞机出来，然后实现电脑对它的完全控制。

【字幕】

在学校的支持下，无人机团队现在已有各类飞机 50 多架。

【同期声】毕敬 山东大学控制学院 2013 级学生

做飞机给我带来的就是它不断指导学习，学习也指导它的一个过程。我觉得山大带给我最多的，是给我提供了一个平台，给我提供了这些资源，这个是最大的（优势）了，这个等于说是一切的根基。

【字幕】

无人机团队参加青岛校区开学典礼，一“战”成名。

【同期声】毕敬 山东大学控制学院 2013 级学生

我觉得我的梦想就是以后能成为一个不去做重复工作的人，去创造，创造的过程是最美好的。我们很容易就陷入一个不断重复的过程，你掌握了一个技能，你会在不断地重复中获得很大的满足，但其实我觉得这个不能带给我很大的满足。我觉得创造，不断创造的过程才是真正的意义所在，才是我们价值的体现。

【字幕】

2017 年，山东大学先后入选为国家大众创业万众创新示范基地和全国创新创业典型经验高校。

视频刊播于 2017 年 10 月 30 日

无憾的医者

妙手仁心 大国良医

5000 多年前，医者被视为通天接神的存在。
2000 多年前，扁鹊周游列国，凭一己之学，行医各地。
1000 多年前，孙思邈写《千金方》，因人命至重，犹贵千金。
400 多年前，李时珍忤逆父意，从医心比铁石坚，至死不怕难。

千年世事，沧海桑田。
而医者初心坚如磐石，历经千难万险，不曾动摇分毫。
张茂宏教授对这份初心的理解与坚持，藏在他的白发里。今年，是他从医的第 70 个年头了。

对张茂宏教授而言，医生哪里还是一份职业？为患者解除病痛，使精诚医术得以传承，已经成为他的人生使命。

丹心化作回春手，白发修得桃李园。
耄耋志高未伏枥，悬壶依旧济人间。

视频文稿

【解说词】

他 88 岁高龄，仍然坚持每周上 5 天班。

【同期声】张茂宏 山东大学齐鲁医院血液科创始人

我要留这个时间工作，脑子还可以，体力还凑合，所谓“发挥余热”。

【解说词】

他是齐鲁医院终身教授，却不喜欢别人称他“教授”。

【同期声】张茂宏 山东大学齐鲁医院血液科创始人

我喜欢叫我“老师”。

【解说词】

他继承传统，鼓励创新，言传身教，桃李天下。从 1947 年到 2017 年，他如何评价自己 70 年从医经历？

【同期声】张茂宏 山东大学齐鲁医院血液科创始人

从医一生一辈子，那就是一生无憾。

按照我正式的退休时间是 2005 年，现在我已经到了快 90 岁的年龄了，我的学生，年轻大夫，还希望我去给他解决这些问题，给他讲解这些问题，所以我就去了。我的爱好就是在临床上看病，尤其喜欢看疑难病人。

【现场同期】张茂宏与患者交流

这个病不是一下就能治好的，得有一定的时间，好吧。还有什么问题吗？（别的没有了。）好好休息啊。

【同期声】患者

我挺感激他的，经常来病房里看看，那么大的年龄了，感觉特别亲切。

【同期声】张茂宏 山东大学齐鲁医院血液科创始人

我们血液病（科）1989年被评上了不仅是全校，而且是全省唯一一个内科的博士点，我也是第一位大内科的博士生导师。我培养学生启发他的创新思想，让他做研究生的时候自己来考虑选什么课题，而不是研究我的课题，所以我们血液科在培养研究生这一方面，在整个趵突泉校区，可以说培养出的比较高层次的、高水平的学者是最多的。我们血液科就有两个泰山学者，我的关门弟子，他现在是个长江学者。

【同期声】侯明 山东大学齐鲁医院血液科主任 教授

我们每个年龄段都有很好的苗子，老爷子从一开始就把这个学科做好布局，这是我们做强、做大的最关键的因素。

【同期声】张茂宏 山东大学齐鲁医院血液科创始人

在大学里面，你如果当一个医生，像一个长跑的运动员一样，你这一辈子就是长跑。

老师有三个。第一个是启蒙老师；第二个老师，病人是你的“老师”，看的病人越多，你的经验越多；第三个，就是即时出版的杂志和专业书籍是我们的“老师”，诊断方法不断地进步，你跟不上能行吗？我最喜欢的还是，一个疑难的病人我给解决了，而且治疗好了，这是当一个医生最高兴的。

70年做了一件事，就是完成做一个医生的使命。

视频刊播于2017年11月14日

多彩儒学　和而不同

斯文在兹　守正待后

文化，是穿越心灵的种子，
思想，是身体里开出的花。

那花的颜色呀，
是旭日的红，是土地的黄，
是绿的生机，是蓝的平和。
是睿智的灰白，是深邃的玄青，
是朴素纯洁的灵魂，是绚丽烂漫的人生。

这是素色的儒学，是齐鲁文化的根，是中华精神的源。
这是多彩的儒学，是仁心仁爱的通感，是各美其美的共情。
这是和而不同的儒学，是民吾同胞的胸襟，是天下大同的宏愿。
是和平世界的追求，是人类命运共同体的梦想。

这是儒学。多彩儒学，和而不同。

视频文稿

孔子及儒家思想，是中华民族传统文化的重要组成部分，在中国历史上发挥了极为重要的作用。中华民族创造了源远流长的中华文化，中华民族也一定能够创造出中华文化新的辉煌。

——2013 年 11 月 26 日习近平总书记在孔子研究院座谈会上的讲话

【字幕】

第八届世界儒学大会，34 个国家和地区的 600 多位专家学者围绕儒家思想与人类命运共同体交流儒学研究最新成果。我们另辟蹊径，听听专家们心目中的儒学是什么颜色的。

【同期声】朱杰人 中国历史文献研究会会长

我认为儒学是红色。第一，红色一是种温暖的颜色，它可以温暖人心；第二，红色还代表着光明，它代表着社会的光明、人性的光明和国家的光明。

【同期声】曾繁仁 山东大学终身教授

中华民族诞育在黄土高原，我们是一个以农业社会、农业生产为基本生存方式的民族。我们的民族的图腾又是龙，我觉得黄色最符合儒学的基本特点。

【同期声】周诺 山东广播电视台新闻主播

我觉得儒学是无色的，就像水和空气一样，时时刻刻存在于我们身边，看着好像是透明的，但实际上对我们来说是非常重要的，赖以生存的。

【同期声】姚中秋 山东大学儒学高等研究院教授

我想用绿色和黄色来象征我心目中的儒家文化和中国文化。因为绿色就代表着生机，我们中国文化是生生不息的，如果只有绿，其实会让人厌倦是吧？当然只有黄的就没有生命力，所以我觉得绿加黄，就能够体现出天地之大德。

【同期声】第八届世界儒学大会志愿者

我们觉得它不是那么鲜亮的、很活泼的颜色，但是一旦读进去，那种醇厚的感觉会深深地把你吸引进去，就像那种沼泽一样，就是那种很深的颜色，所以我觉得是青色。

【同期声】贺翔 美国俄亥俄州大学人文历史学院教授

儒学像一张纸，就是一种工具。一张纸，一张白色的纸，在历史上有它的功能，但是放到我们现在这个世界也有不同的功能，我们可以用它来了解这个世界。

【同期声】托马斯·迈克尔 北京师范大学特聘教授

我认为儒家思想是灰色的，因为孔子本身是一位留着长胡须的长者，如同我们的父母和长辈一般。

【同期声】沙敦如 德国汉堡大学校外教授

我认为我会选择深蓝色，我认为这是一种代表了平衡与和谐的颜色。

【同期声】蔡仁厚 台湾东南大学教授

儒家要求圆满的成功，而不一定强调多彩多姿，但是多彩多姿是人生的过程里面必要的一个关口。一个学派也好，一个人也好，假设他没有这种姿彩，没有多姿多彩地表现出来，它就是死的，没有活力的。

【同期声】众人

多彩儒学，和而不同。

视频刊播于 2017 年 11 月 28 日

她的考古世界

发掘过去　看见未来

有这样一群人，和这样一门学问：
究天人之际。他们礼敬自然，叩问人和环境的关系。
通古今之变。他们激活沧桑，复原往昔今朝的连接。
成一家之言。他们阐释历史，解说文明积累的价值。
他们是考古学者，
是遗迹的侦探，是史料的工匠，是人类的赤子。
赤子之心——守来路，望未来。

关于考古学，李泽厚说：
物之所言，胜于言之所言。

此刻，他们说：
浮世众人，请缄默倾听，
时间万物，请娓娓道来。

视频文稿

【同期声】靳桂云 山东大学历史文化学院教授

我 1982 年考到山东大学就学了考古，考古真的特别适合我，或者说我适合考古。现在我做的工作实际上是在考古学的基础上往前延伸了一步，就是用一些科技的手段研究古代的遗址里面都留下了哪些植物的遗存，这些植物的遗存反映了人和环境到底是什么样的一种关系。我觉得这个对我们国家未来的人和环境关系应该会有一些启示，能启发我们怎么样看未来。

要说山东大学最拿手的、最看家的东西，我觉得就是我们的田野考古。山大出去的学生，田野功夫都特别好，人家一提就知道，你们山大的田野考古肯定没问题，全世界的考古学家都认可。这个田野考古如果你不做好的话，你后面所有的研究都是没有基础的。

我觉得最近这些年，山大最重要的一点就是特别注重本科生的教育，还有一个最明显的特点，就是给学生创造了很多跟国内国际高级学者交流的机会，这个是我们山大的一个特色。实际上考古学就是一个合作的学科，任何一个人或者两三个人是做不了什么事情的。最近这些年我们山东大学成绩多，受到国内外学者的关注，我觉得主要的一个因素就是我们的团队精神特别好，我们在国内外有地位，主要是人家看中我们综合的研究成果比较突出。

考古出土的资料确实是很重要的，但是更重要的是我们要把它认识清楚，然后做一个恰当的、科学可靠的解读，我觉得这个是我们学科的意义。

我一直说考古就像破案一样，你哪一小块线索链条断了，后面的问题就很难解决，你可能就完全走到另一条路上去了，所以考古学来不了半点的虚假。我一直跟学生说，考古是个良心活，就是你干完以后，你要自己对得起自己的良心，哪儿出错你自己都是知道的。做人更是这样，一步一步，什么事情都要扎扎实实地做，我觉得才能做好。

当你通过发掘一个遗址，用各种手段研究了古代的人是怎么生活的时候，我的感觉就是我已经变成了他们一个村民，好像就可以跟他们对话一样。我最期待的就是能够为回答人和环境的关系问题给出一些建议或意见，希望能够对这个社会有点贡献。还有一个（希望），跟着我学习的这些学生，他们将来能够像我这样享受做考古的快乐。

【字幕】

山东大学的田野考古发掘项目遍布全国，数量多达60余处，其中有6项发掘获得当年中国十大考古新发现，有3项发掘获得国家田野考古质量奖。

视频刊播于2017年12月8日

我到禹城当“红娘”

服务山东　富强中国

一个学者，到禹城当“红娘”。他把大学说给政府，实现知识的动能，将“腐朽”创生为财富。

一个教授，到基层当公仆。他把论文写进田野，证明科技的力量，带动一片热土腾飞。

一个科学家，到厂房当工匠。他把实验带到工地，将智慧转化为价值，从平常孕育出奇迹。

这是一个山大人成长于斯奉献于斯的故事。
他把理想接入现实，让科学的星空映衬民生的大地。

这是一群山大人、代代山大人扎根齐鲁的故事。
他们把初心深藏于使命，让未来始步于征程。

视频文稿

我生在山东，我长在山东，我想服务于山东。

【同期声】王禄山 山东大学微生物技术国家重点实验室教授

我觉得我们做的生物质的转化，就是要服务于中国的农业现代化。

2014年1月1日，我就去了禹城市当挂职副市长，希望以我们的技术通过政府去改变产业。

去了以后不大适应，我们做科研的就是人和事的关系，挂职副市长是人和人的关系。我不知道怎么开始，从哪儿抓不知道，你只能自己去多跑企业去调研。禹城市也比较特殊，它是个农业县，但是它又成了一个市，它这些产业都是做秸秆深加工的，成为一个生物产业比较集聚的地方。

比如福航（公司）就很典型，它有污泥干化的装备，还有一个大的立体发酵罐。这个老板说你给我做一个事情，就是把我这个罐用起来，就像我说的我们现在能造孵化器，但我们就是温度、湿度老控制不好，所以孵不出小鸡来。我就叫着我的博士张丽丽，在那里一下子待了半年，我们就把这个事做起来了。这个罐当年销量就上去了，后来这个公司接着就上了"新三板"。原来成长比较慢，是因为它没有借助科技的翅膀，飞不动，它就只能跑，和我们合作了以后飞起来了。每次领导去参观，福航都把我们山东大学的"博士后创新基地"的牌子放上去。

我们又建了一个研究院，来解决一系列行业的问题。比如说禹城的生物技术行业，这是城市的一个主要的财政来源，你解决了它的问题，城市的一半就发展了。引进我这个教授，带起它这个行业，就激活了这个地方的经济。

挂职这几年，我最骄傲的事情就是把秸秆资源真正地让它资源化，全部综合利用，这样就促进了中国农业的快速发展。在这个过程中，我们至少拉来了 200 位老师，然后有几个院士。我们有 500 多个学生进入工厂实习，签了至少 18 项协议。对我来讲，做一个科技的副市长就像做一个科技的“红娘”——促进了企业家与科学家的牵线搭桥以外，我们还可以促进学校和地方政府的进一步的合作。

通过我的实验技术，能够服务于山东，我也想通过我的努力，带动我们这些国家重点实验室的教授们也一块儿服务山东。科研工作要沾泥，也是通过这几年的努力，我们把科研论文写在齐鲁大地上，促进了企业家与科学家的合作，我们也能当好这个“红娘”，我们可以把山东变得更好。

【字幕】

自 2014 年以来，山东大学共派出百余名优秀骨干人才在山东各地挂职县市区副职，扎根齐鲁大地，服务山东发展，服务国家发展。

视频刊播于 2017 年 12 月 17 日

锡文的小目标

行有余力 则以学文

这段时空被施了魔法，一定是这样。否则，怎么才能解释这片景象呢——

一二百人，整整塞满一间屋子。

空气安静，魔法降临。
姿态全变成了翘首，眉目都变成了期待。

一二百张脸孔，仿佛被魔棒指挥着。
一同竖耳聆听，一同托腮思索，一同点头赞许。
一同七嘴八舌，一同忍俊不禁，一同若有所思。
一同心满意足，一同意犹未尽，一同依依不舍。
他们彼此之间或许从未谋面，却在这片奇妙的时空里，不自觉地把呼吸调整到统一频率。

施魔法的人，是经典的缔造者，是讲述者，也是锡文，更是聆听者自己。

锡文的"小目标"，是继续延展魔法的边界。

视频文稿

【同期声】谢锡文 山东大学新闻传播学院教授

有人说我是文学生活馆的“馆主”，我们（文学生活馆）今年已经成立四周年了，一个学生在给文学生活馆的生日卡片上写了这样一段话：一起做好一件事，一起点亮一盏灯，一起走过一段路，美好的四年，别无他求，让我们一起走向远方，走向光。

2012年，山东大学聘请原北京大学中文系主任温儒敏教授作为山东大学的文科一级教授，他带着我们做了一个国家社科基金的重大项目——当前社会文学生活调查。这个课题如果深入下去做的话，它的前期成本非常高，后来我们想了一个办法，和山东大学的文史底蕴相结合，是不是可以影响更多的人，把山东大学优质的文史资源聚合起来，面向社会开放。

每个周五的晚上我们用一场文学经典讲座来吸引社会上的一些人，他们来听讲座是没有门槛的，从七八岁到七八十岁，年龄跨度非常大，大家的热情也特别感染我们。比如我们有一期讲陶渊明，那是一个春天的晚上，还下着一点小雨。讲座结束的时候，有一个小孩跟她妈妈一起走在校园里面，这个小孩就跟她妈妈说，我觉得可能不光有一个实际的那样一个田园，可能在人的心里也会有一个田园。我们当时就觉得这个小孩的感触特别（令人）感动。

在本科生院的支持下，文学生活馆成为山东大学通识教育品牌课堂，我们有一个体验性的空间，周围都是书，有非常美的音乐，坐在那儿随手都可以拿到书。

【现场同期】山东大学校园广播

欢迎收听山东大学校园广播，今天是山东大学116周年校庆日，文学生活馆特别推出“经典十课”系列讲座，致礼山大校庆。

【字幕】

“经典十课”涵盖山东大学文、史、哲、理、工、医学、经济、艺术等学科，同时开启济南、威海、青岛三地八校区同步直播，吸引校内外170多万人参与。

【同期声】谢锡文 山东大学新闻传播学院教授

我们自己真的没有做什么，我们就是搭建了一个平台。我们觉得山大这么好的资源，我们要好好地为这个平台来服务，让山大这样一些优质的文史资源能够传播出去。而我自己最大的幸福感，就是当我白发苍苍时，依然满目青春，你永远看到的都是那样一些青春的、向学的、向上的面孔。人们对文学的热爱，人们走进大学校园的热情，完全出乎我们的意料。文学生活馆让我们有了服务济南、服务山东的机会，真正使大学成为城市的文化中心。

【字幕】

四年来，文学生活馆系列课程聚集现场听众3万多人，超过500万人在线收看。

视频刊播于2017年12月28日

所谓方雷

博学笃志　切问近思

若说人是一棵苇草，全世界最脆弱的东西，
是思想，让人坚韧着，伟大着，不朽着。

所谓思想，
无所不在无时不有的无形无象，
是人类的全部尊严所在。

所谓学者，
思想的钻研者、传承者、开拓者，
是精神的沃土，智慧的高地。

所谓师者，
思想的传播者、引导者、启迪者，
是引航的灯塔，社会的良心。

所谓方雷，
土著的山大学者，行走的教书先生。
他的名字是一方雨田。
他正耕耘着一方雨田。

视频文稿

在我心中有一方雨田，我把这一方雨田理解为既是作为一个老师基本职责的良心所在，也是作为一名学者思想孕育的沃土源泉。

【同期声】方雷 山东大学马克思主义学院教授

我是马克思主义学院的一名老师，我 1984 年来到山东大学。我给自己的定位就是一个教书匠，带学生、做课题，然后参加一些社会活动。但是有一点，无论多忙，我都坚持给本科生上课，我觉得这是作为一个教授应该尽的本分。

党的十八大以来，马克思主义学科受到了高度的重视。在我的工作中有一部分很重要的内容，就是在全国各地去宣讲党和国家的理论方针政策。

【字幕】

近三年来，方雷在全国各地为高校、党政机关、企事业单位作了 200 余场报告，累计受众近 3 万人。

【同期声】方雷 山东大学马克思主义学院教授

理论的魅力就在于思想的分享，这些活动在我看来就是思想的耕耘，也是践行山东大学服务社会的一种体现。

作为马克思主义学院的一名老师，除了传道授业解惑之外，更重要的职责是开启民智、启蒙思想，培育公共关怀的精神，追求优良的政治秩序和美好的生活方式，去传播正能量，这是作为学者的责任和担当。知识分子是社会的良心，是社会道义的引领者，所以我们更应该去扎扎实实做一些这样的工作。

我的理解，中国梦是应该通过我们这种新的伟大变革、伟大实践，打造出新的文明的范式和范畴，去做一次典范的变革，推动中国文明重新确立在全球文明中的地位。

【现场同期】方雷在山东大学 2017 届研究生毕业典礼上作为导师代表发言

我们中国向来不缺有钱人，不缺聪明人，我们缺的是有风骨的人，缺的是有信仰的人，我们更需要梦想和信仰。

【同期声】方雷 山东大学马克思主义学院教授

一个人无论志向是否高远，都要有一定的境界、良知和情怀。所以我相信一分耕耘一分收获，我愿意做这一方雨田的守护者。

【字幕】

2015 年山东大学马克思主义学院被中宣部遴选为首批重点马院；2017 年，首创“党的建设”二级学科博士点，走在全国前列；在教育部第四轮学科评估中，山东大学马克思主义理论一级学科为 A 类。

视频刊播于 2018 年 1 月 5 日

大山里的山大人

春风化雨　桃李满山

你愿意吗?
给无知以方向，给贫穷以力量。
让每一个孩子健康成长，让所有青春精彩飞扬。
让阳光洒在每一寸土地上，把梦想的种子埋在大山里。

我愿意。
怀着同样梦想的我们找到了彼此，一起出发，
让青春之花在大山里绽放。
或许单调，但意义非凡。
或许清苦，但甘之如饴。

“我想去山大。”
大山里的孩子说。
他们并不了解山大，但认识了你们。
他们知道，进入山东大学，就能成为像你们一样的人。
像你们一样，让世界变得更好的人。

他们愿意。

视频文稿

对于我的学生来说，“老师”这个称谓可能属于很多人；但是对于我来说，“学生”这个词只属于他们，所以我希望能够倾我所有，将我所学告诉给我的学生们。

【同期声】胡欣婷 山东大学第十九届研究生支教团成员

从去年 8 月 26 日开始，我和来自山大的 11 名队友，到了山西省灵丘县支教。

其实最开始真的就是忐忑，因为生平第一次当老师，在未来这一年里，我要对孩子这一年的学习负责，非常担心自己哪一句话说得不对了，不经意间伤了某个孩子的心。但是后来才发现，其实情况没有我想象的那么复杂，这边的孩子都特别好，特别可爱。只是基础确实不如城里的孩子，有些孩子甚至到了初中了，连 26 个（英文）字母都还认不全。

我们班里的孩子基本上一半以上都是单亲家庭，要么就是留守儿童。

【现场同期】课堂互动

接下来把这个时间交给薛百莲，大家欢迎。

【同期声】胡欣婷 山东大学第十九届研究生支教团成员

我的每节课上，都会抽 10 分钟给他们做一个“presentation”的活动，也是希望他们能够通过这个活动，变得大气一点、勇敢一点，对自己更加的有信心。

城市里的孩子是站在父母的肩膀上看世界，而我希望我能成为这里孩子的肩膀。

和这里的教师相比，我们的教学经验肯定是不足的。但是我们年轻，我们可以用更多的精力来弥补这种经验上的不足。像我们一个学长，他最早给学生开起了早读课，每天早上6点准时起床，雷打不动。现在，早读已经成了全校的必修课。

我们4个人中年龄最小的小学妹，经常给学生们介绍山东大学。在她的努力下，好几个学生已经把报考山大定为了自己的人生目标。

【同期声】王艺菲 山东大学第十九届研究生支教团成员

这是他们（学生们）写给我的信，其中这封信最让我感动，他只给我写了一句话："老师，你能再待上三年吗？"特别让我感动。

【同期声】胡欣婷 山东大学第十九届研究生支教团成员

方圆两公里之内只有我们学校一个建筑，周围全都是山，哪怕我们想在网上买一点东西，都是不现实的，因为根本收不到快递。

因为这边上10天休4天，学生一放4天假，学生、老师全都放假回家了，学校里只有我们4个人，再加看门的段师傅一家3口。

这个菜窖就是我们的菜市场，土豆堆成山。学校的食堂，常年只有一种菜样，土豆炖粉条，土豆炖洋葱，土豆炖各种各样的东西。

可能有的时候觉得坚持不住了，或者这个问题我就是解决不了，有的时候想想，我可是山大毕业的，我一定要尽力做到最好。毕了业来到这里以后，真正的有了那种我是山大人的感觉。

【现场同期】支教团成员合唱《我的山大我的家》

虽然在远方，还是常想起，漫步小树林，海边迎晨曦……

【同期声】胡欣婷 山东大学第十九届研究生支教团成员

感觉山大已经成为了我的一种精神力量，是我的一个精神支柱。凡我在处，便是山大。

【同期声】刘兴旺 山西省灵丘县平型关寄宿制学校小学部教导主任

一开始的时候，心想他们能吃下这份苦么？结果跟我们想象的完全不一样，来了以后就是非常投入。

【同期声】杜富国 山西省灵丘县下关九年制学校校长

（对学生有）物质上的资助，还有精神上的支持，给学校确实带来了新鲜的东西。

【同期声】袁坤 山东大学第十九届研究生支教团山西队队长

可能我们支教老师给学生带来的影响是微不足道的，但是我们相信通过自己的努力，让我们教过的学生改变一点点，汇聚起来，就能让这个社会一点点改变。

【字幕】

20 年，272 个山大人，一年一年播下梦的种子，过去未曾间断，未来仍将继续……

视频刊播于 2018 年 1 月 12 日

草地上的学术交流

光阴的故事

廿又八载　字里行间

二十八，是两个数字。

第一个二十八，是他执针的时间。
大学毕业后，他成为一名针灸大夫。
千年古老技艺，他守了二十八年。

第二个二十八，是他执笔的时间。
以百年光阴作纸，齐鲁医学为墨。
字里行间，他已穿行二十八年。
他像一个孤独的侠客，
以笔为剑，以史为路，
仗剑而行，磐心甚笃。

今年，他八十岁。
针与笔，各在他的生命中镌刻二十八年。

视频文稿

【同期声】田道正 山东大学齐鲁医院针灸推拿科主任医师 教授

我今年80岁了，我出生在中医世家，对中药、针灸比较喜欢。1962年我从山东医学院毕业，留校在内科工作。我论文写了一百二三十篇，在国际上发表了25篇，还编了几本专著。到了1990年，医院的党委就决定要编一本院史，领导说老田能写，叫老田来写院史吧。家里人和我的同事们不理解，都说干得好好的教授，改行了你又要从头开始，太吃亏了。党叫干什么我就干什么，我义无反顾地走向新岗位。

白手起家，搜集材料是第一要务。我们到省档案馆待了一星期，查了16种书，每一种都要五六十本。当时不让复印，我们用手抄写。

院史编写不像写小说可以虚构、可以夸张，你必须实实在在的，有些矛盾的地方我就把它弄清楚。1955年齐鲁医院做了全省第一例心内手术，有3个人说是他做的，到底是谁呢？我就去走访、去了解，都没有最后确定。我就又去找1955年的病例，一份一份地查。前面这个号也有，后面这个号也有，就是这个病历没有了。没办法，最后我到济宁找到刘福龄教授，当面核实了情况。

我不是为了图名图利，我真是爱上这一行了，而且越搞越有兴趣了。我除了吃饭睡觉以外，每天写3000字到5000字，这28年，我就这么一步步过来的。

有很多人就问我丢了医学本行，搞起历史来了，后悔不后悔？因为我进入了另一个领域，这个领域正是被需要的。看着这些历史给这个单位的人一个精神寄托，一个发展的依靠，我说我不后悔。

视频刊播于2018年1月18日

因乐不凡

前行途上　一路乐音

深意须浅唱，浓情宜低吟。
听——
五音轻拨，诉天际春雷
十指慢挑，颂大地秋风
六弦震颤，眼底的星辰辽阔
百转放歌，心间的大海奔腾

天赋出勤勉，胸怀系天下。
听——
民谣里一米朝阳、几寸月光
说唱里心花怒放、开到绚烂
嘶吼的历史封尘，激扬的博学渴望
温柔的青春叛逆，坚定的少年家国

音乐寻觅歌者，

歌者求索灵感，

灵感匿于执着，

执着考验青春，

青春许诺未来，

未来属于前行。

听——

前行途上，一路乐音。

视频刊播于 2018 年 2 月 5 日

视频文稿略

饶宗颐与山东大学

业经六艺　德被八荒

今天，这枝盛开了一百零一年的莲花赫然陨落。

这枝莲，取名自《爱莲说》的作者周敦颐。
期颐之年，他曾举办题为“君子爱莲花”的书画展览，以此纪念百岁人生。

这枝莲，茹古涵今，学贯中西。
诗词歌赋、金石书画，甲骨梵文、敦煌希腊，他无一不精。
却谦逊低调，安于孤寂，以德为邻，境界宽宏。
恰似中通外直、不蔓不枝，而香远益清、亭亭净植的莲花。

这枝莲，厚植于中华文明的沃土中，亦镌刻在山东大学的历史上。
他与山东大学结缘近八十年，厚谊永驻，深情不朽。

视频刊播于 2018 年 2 月 7 日

视频文稿略

一天中的 24 小时

济众施广　救死扶伤

有人就有病痛，
有病痛就有托付，
有托付就有使命，
肩负使命就永不止息。

所以这里一年的工作日是 365 天，
护佑生命，从无节假，
所以这里每天的工作时间是 24 小时，
倾力鏖战，不知昼夜。
所以这里每小时是 3600 秒，
旋踵连轴，充实饱满。
时间快到极致，生死一线，分秒必争。
时间也慢到极致，人间百态，无尽悲欢。
秉持博施济众、广智求真的百年齐鲁医学传统，
在齐鲁医院，
24 小时乘以 365 天，
每一刻都不曾虚掷。

视频刊播于 2018 年 2 月 24 日

视频文稿略

对话焦震

流响疏桐　居高声远

关于奋勉，
懒人推说：勤为补拙。
智者则不惑：
功崇唯志，业广唯勤。

面对困难，
庸人托词：安守本分，脚踏实地。
勇者则不惧：
取法其上，得乎其中。取法其中，得乎其下。

问及目标，
凡人歌唱：道义放两旁，利字摆中间。
仁者则不忧：
垒土起家国，跬步致天下。出走有半生，归来问初心。

视频文稿

他，管理着1200亿元资产，参与创始设立的鼎晖投资是中国最大的另类资产管理机构之一。伊利、蒙牛、美的、南孚、双汇、九阳，这些闪亮的中国品牌背后都曾掠过他的身影。

17年间，他穿梭于3000家企业，投资过300家企业，其中，60家企业成功上市。

【字幕】

2018年1月21日，山东大学北京校友商会成立。1982级校友、鼎晖投资总裁焦震当选为会长。

【同期声】焦震 鼎晖投资总裁 山东大学数学系1982级校友

我们今天的业务遍布在乌拉圭、美国、法国、新西兰、澳大利亚、印尼、新加坡各个地方。这些年全世界我跑过3000多家企业，我投过300多家企业，上市公司有60多家。这么多年别人问我，说要把这个投资做好，怎么做好？我说我没有任何的捷径可言，其实总结到最后还是山东人、山大人特点：嘴勤、腿勤、脑勤、多思考。

【字幕】

投资是什么？

【同期声】焦震 鼎晖投资总裁 山东大学数学系1982级校友

投资就是个买卖，投资是个商业行为，商业行为就是买得便宜卖得贵，中间环节不浪费，把它简化了就是这个行为，看似过程很高大上、很复杂，这是个最后的结果。投资行业和搞企业也好，它是一个必须有具体结果的行为，具体结果就是咱们经常说的“文无第一、武无第二”。你搞学术可以争来争去，你好我好，商业竞争没有你好我好，只有你死我活。

【字幕】

投资成功最首要的素质是什么？

【同期声】焦震　鼎晖投资总裁　山东大学数学系 1982 级校友

在很多企业，我经常跟他们说，我们要定目标、找差距、补资源。经常说这个事，为什么呢？你老根据你们这些人的能力，说明年增长 10%、15%，你老这么走，如果别人在你前面，很可能最后拖死你。你这个行业和你企业需要增长的可能是 40%，不是 15%，怎么办呢？用你自己的能力推导不出来了，我定个目标每年增长 40%，那我就找差距了，我为什么增长不到，然后缺什么再补嘛，达到 40%。

大家碰到事别讲困难，在一个问题没有证明它不能做之前，它就是能做的。你要觉得它不能做，你得给我证明它为什么不能做，很难的。有问题带着方案来，你别给我提问题，我也不知道。你要想提问题，你自己要有解决方案，你把问题和方案一块给我，我就能办了。

【字幕】

有了目标，如何实现？

【同期声】焦震　鼎晖投资总裁　山东大学数学系 1982 级校友

你想把一个事干大了，其实是需要集中精力的，需要专注的。你看我今天要想干的事，可以很多很多，但是我只有把它简化，我只有把我想干的 90% 的事不干了，集中干 10% 的事，甚至 1% 的事，我才能把这个干好，那自然别人就需要你，就找你合作了。你干好了，哪怕你做包子，你做得最好，别人都来你这儿吃包子，你不就有机会了？

【字幕】

年轻人创业该注意些什么？

【同期声】焦震　鼎晖投资总裁　山东大学数学系 1982 级校友

创新创业，你的目的不仅仅是培养所谓的你这种商业的东西，核心的还是一个对待问题的态度。现在社会上最缺的并非是夸夸其谈讲战略的人，最缺的是有一线实际经验的人。你如果在学校里在一线掌握经验，未来又有别的机会，你的价值会巨大。你如果这个时候为了所谓的想做个大事业，以赚钱为目的，往往失败率很高的。做好身边的每一件事，体会、思考、改善，这就是规划。不要去规划太大的事情，你永远不知道未来什么样。

【字幕】

大学经历带给你哪些影响?

【同期声】焦震 鼎晖投资总裁 山东大学数学系1982级校友

数学系的严格培训，它是以结果为导向的。大家讲过程的时候，往往忘了目的是什么东西，严格是严丝合缝的按照所谓的这种结果导向，我首先想我什么目的，我后边的所有都是为这个服务的，这种思维方式的锻炼就是山大给我带来的。山大的氛围，以前以文史哲为基础，潜移默化的、儒学的东西，给我很深的印记。今天回忆起来，平时很多的思维方式、做事方式，不可避免地会带着上学时候的印记。

视频刊播于2018年3月5日

数学女生

动静之间　神思一贯

可曾观察过数学之美?
在数值、比例、序列中,
似乐似诗。

可曾享受过乒乓之趣?
于攻守、进退、智勇间,
亦武亦文。

动静结合，唯以求真。
驰而不息，愈久愈深。
千里始足下，高山起微尘。
勤时当勉励，盛年不重来。

就是现在,
一起去发现吧，发现数形相倚之美。
一起去体会吧，体会运动拼搏之趣。

视频刊播于 2018 年 3 月 13 日

视频文稿略

从垦荒到收获：词汇学家葛本仪

音吐鸿畅　心情多少

这是一个生于斯的学子：
风华，耄耋。
自昨，而今。
青丝，成雪，
我的山大，那些古老的雕塑，还如年轻时模样。

这是一个成于斯的学者：
垦荒，收获。
从无，到有。
琢字，成篇，
我的山大，敢涉无人的荒地，是开拓者的沃土。

这是一个忠于斯的师者：
进取，桃李。
一己，天下。
育人，成才，
我的山大，幸也沐先贤之风，奋矣望山高水长。

视频文稿

我挺幸运的，1955 年毕业，2005 年退休，60 多年了，一直在山大，我对山大的一草一木都还是有感情的。我和山大是有一生的情缘，我想离都离不开。

【同期声】葛本仪 山东大学文学院教授

我是 1951 年考入山大中文系的，我找了一块未开垦的处女地，就是要搞词汇学。我要搞出来我成功，那我就成功了，我要搞不出来我失败，那我从头再来。

1961 年的《现代汉语词汇》，1985 年的《汉语词汇研究》，2001 年的《现代汉语词汇学》，2004 年的《现代汉语词汇学》修订版，2014 年的商务（印书馆）的这个《现代汉语词汇学》，这是 5 个，这就是一个系列下来的，都是我自己写的，每一个字。那本小书的观点到目前为止，五六十年，这个观点一直没被推翻，没被人代替，说明我是正确的。

【字幕】

2017 年，《现代汉语词汇学》一书经英国卢德里奇出版公司翻译并出版，成为该公司出版的中国第一本汉语言学著作。

【同期声】葛本仪 山东大学文学院教授

我的老师都是文学、历史、语言的大家，他们都是在各自的学术领域里的领军人物，在全国都是有名的。我们那个课堂里鸦雀无声，就是老师在讲、学生在听，再就是笔记记得“哗哗”的。对于一些问题不懂的时候，我们能追到课堂下去缠着老师不放，我们也能追到他家里去。可是就这样老师没有烦的，非常爱护我们，他觉得培养一个学生是他最高兴的事。他的爱心能够让你体会到。一直到现在走到校园里，走到他们的塑像边，心里还感觉到很温暖，他们上课的样子我都能想出来，很亲切。

我没离开过山大，我盼着她好。我经常看那句话“为天下储人材”，我们怎么“储人材”？那不就得老师下功夫嘛。我就觉得老师把心思放在学生身上了，既然你能考进来，你就有培养前途，不让他放任自流，他就是个人才。我希望山大兴旺起来，老师、同学、领导全力以赴地放在山大的振兴上，振兴学问，培养精英。

【字幕】

葛本仪，山东大学文学院教授，中国第一位词汇学博士生导师，1988 年、1995 年两次被山东省授予“专业技术拔尖人才”称号，1992 年享受国务院特殊津贴。

主要著作有《现代汉语词汇》《汉语词汇研究》《现代汉语词汇学》等。其研究成果被专家们誉为“填补空白”和“达到国内外先进水平”。

视频刊播于 2018 年 3 月 19 日

智造山东的山大力量

服务山东　倾献智造

科学，未必总是璀璨皇冠上的明珠。
它更是一种本能，习惯去守护康健安宁。

技术，未必总是精密尖端的器械。
它更像一豆星火，温暖如炬，照亮万户千家。

创新，未必总是石破天惊的发明。
它更是一种基因，天性要破解世间难题。

智造，未必总是异军突起的新奇。
它更像一只航船，向着未来，驶向平阔蓝海。

这，是一处综合枢纽，
科技生产力、创新动力、人才智力在这里交汇。
这，是一树天地花开，
立地，是齐鲁对我们的滋养；
顶天，是我们对土地的回馈。

视频文稿

【解说词】

一粒小药丸，年产值超过10亿元。全国每10个新生儿中，就有6个在服用。这是达因药业生产的维生素AD滴剂，它的另一个名字更为人熟知——伊可新。

一张小考卷，衍生一个大产业。坐落在济南的鸥玛公司，是我国最知名的考试服务集团之一。全国每3张高考试卷，就有一张是在他们提供的设备上完成批阅的。

【同期声】张立毅 山东山大鸥玛软件股份有限公司总经理

一方面是速度快，另一方面是准确，基本上我们可以达到每秒钟3张，可以实现这种A3幅面双面答题卡的扫描。答题卡扫描的同时，就完成了对客观题和重点信息的识别。这么多年，没有因为扫描出现过任何的质量问题。

【解说词】

看似不相关的两家企业，却有着共同基因。作为山东大学校属企业，创新早已成为他们区别于其他企业最显著的标签。2017年，山大校属企业实现营业收入34亿元，净利润8亿元，盈利能力在教育部直属高校所属企业综合排名中位居前列。

和直接的产业投入相比，发挥智力潜能，更能体现一所大学服务地方经济发展的特质和担当。

高铁、地铁是现代交通的命脉。建设中，土木工程技术不可或缺。在青岛，因为要经常穿过富水砂层，流动着的沙粒给地铁施工带来障碍。这里极易发生塌方，是最大的隐患，也制约着建设进度。青岛地铁13号线修建时，曾有半年多时间，工程只向前推进了10多米。山东大学岩土中心团队用新技术、新工艺，解决了这一世界级工程难题。

【同期声】刘人太 山东大学岩土与结构工程研究中心副教授

我们在不良地质超前预报和治理方面具有很强的优势，我们有自主研发的探测设备，有水泥基新型注浆材料，这样就保证了青岛地铁的安全施工和工期安排。

【解说词】

这个山东大学最年轻的研发团队，目前已成为全省20多项重大基础设施建设工程的技术保障。

潜心钻研，再学以致用，山东大学几百个教授团队，为山东经济发展转型升级汇聚起磅礴力量。

地炼是山东确定的产能过剩行业，过去山东东珩公司经常要压低价格打“价格战”。去年，山东大学陈代荣教授团队研发的氧化铝特种陶瓷材料生产技术，让企业发生了改变。

【同期声】贾玉娜 国家胶体工程技术研究中心副研究员

通过酒精灯火焰的温度大约有1500多度，这个我们把它放到火上，它的表面只有50度。原来都是全部采用国外进口，现在我们突破了这种技术，生产出国内第一块氧化铝纤维毯。

【解说词】

虽然企业还没组建销售部，却吸引来不少企业主动上门采购。

【同期声】范宗忠 山东东珩胶体材料有限公司总经理

引进这个产品，也从竞争激烈的“红海”航行到了市场广阔的“蓝海”。

【解说词】

为提高转化速度，山东大学还和省内城市联合建设成果转化平台，成立起山东工业技术研究院。今年初，国务院批复山东新旧动能转换综合试验区建设总体方案，山东经济发展面临千载难逢的新机遇。作为服务山东的五个领域之一，山东大学也再次吹响了服务“智造山东”的新号角。

【同期声】樊丽明 山东大学校长

我们要以更大的力度来引入国外的资源，通过校友的资源、合作高校的资源，在这些新兴产业上要做更多的工作。另外一个方面，已经有长久历史的机械、材料、能源动力、自动控制等等这些学科，也要老树发新枝，来服务于我们的“智造山东”。

视频刊播于2018年4月3日

海洋山东的山大情怀

服务山东　倾情海洋

覆盖着 70% 的地球家园，
你是最纯净的蓝，
是牧场粮仓，是蓝色的桑田。

隽蓄着 99% 的自然奥秘，
你是最神奇的蓝，
是创造乐土，是蓝色的新城。

孕育着 100% 的生命起源，
你是最深邃的蓝，
是悠远梦想，是蓝色的未来。

我以跬步，致你无垠。
我以山之魂，和你海之韵。
我仅有沧海一粟之渺小，愿汇入你广纳百川之博大。
我唯有孜孜不倦之探索，去领悟你慷慨丰厚之深沉。

视频文稿

【解说词】

眼下，来自新西兰的鲍鱼，在威海安了家。在寻山集团育种车间，新西兰黑足鲍和我国皱纹盘鲍杂交出的新品种，占全部种苗的 1/5，成了不折不扣的“明星产品”。

【同期声】王磊 寻山集团有限公司育苗分公司车间主任

外面的价格大概就是（一个）八毛钱左右，我们这个苗种就卖到一块一、一块二。

【解说词】

培育出这个新品种的，是山东大学海洋学院副教授侯旭光。2007年，在新西兰研究多年贝类育种的他，回到山大任职，一起带回来的还有他的“良种梦”。我国鲍鱼产量占全世界的 90%，但因为近亲繁殖，品种出现退化。然而，想让新西兰鲍鱼横跨半个地球到山东，别说繁衍后代，就连存活下来都很困难。

【同期声】侯旭光 山东大学（威海）海洋学院副教授

最快的方式运过来至少是 48 小时，来了以后，它最后很快就死掉。

【解说词】

而当时建院仅 3 年的海洋学院，科研条件却相对有限。

【同期声】侯旭光 山东大学（威海）海洋学院副教授

最早的时候我们连个电子显微镜都没有，我们就要到北京、青岛做检测。

【解说词】

面对重重困难，学校、学院的支持，坚定了侯旭光的科研信心。

【同期声】梁振林 山东大学（威海）海洋学院院长

海洋学院建院初期，我们给它的定位就是要以实用技术为主，因为发展历程不同，要取得突破，必须先从实用技术上取得突破，然后才有显示度，学校对我们支持也非常大。

【解说词】

10 年里，海洋学院建起 11 个大型综合实验室，仅仪器设备资金就投入 3000 多万元。同时，院、校两级还积极助力侯旭光争取到 20 多项科研课题，保证研发投入的充足、及时。

【同期声】侯旭光 山东大学（威海）海洋学院副教授

我们现在的装备，基本上比较高端的科研我们自己都可以解决。

【解说词】

经过 10 年不懈努力，侯旭光如今已成功繁育出 5 代鲍鱼新品种，为我国海洋水产业增值近 10 亿元。

【同期声】侯旭光 山东大学（威海）海洋学院副教授

我们新品种的生长速度比当地品种生长速度几乎是提高 60% 到 80%。再一个我们这个苗到南方养，它的成活率是多少呢？基本上都在 95% 以上，但是普通的鲍鱼苗成活率基本上就是 60% 到 70%。

【解说词】

服务海洋山东，像这样的“山大故事”每天都在上演。2017 年，山东大学联合青岛蓝谷管理局共同主办国际海洋创新创业大赛，这是全球覆盖区域最广的海洋类大赛之一，吸引了 6 个国家 120 个团队参与比赛，获胜者可以得到资金支持，在鳌山湾畔实现创业梦。

【同期声】邹难 山东大学中美大学国际科技创新园主任

把世界上和海洋相关的创业的人都团结在了一起，并且帮助他们建立一个平台。对这些创业者来讲，他们将会在青岛蓝谷获得他们非常重要的商业发展。

【解说词】

为了增强海洋科研实力，山东大学依托青岛校区海洋研究院和威海校区海洋学院发力前沿科技，和国内其他海洋科研院所实现错位发展。

就在您观看视频的这一刻，山东大学建立起“迷你”海洋气候环境模拟实验体系，正在青岛模拟各种海洋情景，为气候变化、海洋碳汇等前沿领域研究提供宝贵的实验数据，这个实验体系在国际海洋领域也是突破性的；这一刻，山大设计建造的波浪能发电机正在我国南海，为通信浮台、深海养殖网箱提供稳定的源源不断的能源保障；这一刻，山大参与研发的海洋浮标正从遥远的太平洋，传回 4000 米海下的各项数据，每天一次的回传，让海洋更加透明，而就在几年前，我们还得等上半年的工夫才能收到一次这样的“海底问候”。

孜孜不倦的求索，敢为人先的担当，山大人用自己的智慧和力量为海洋强国、海洋强省贡献力量。按照山东新旧动能转换综合试验区建设总体方案，现代海洋产业是要加快发展的新兴产业之一。百舸争流，奋楫者先。面对新机遇、新挑战，山东大学将以更大力度引进科研人才，加快平台建设，提速技术创新，推动成果转化，为新一轮海洋开发扬帆领航。

视频刊播于 2018 年 4 月 18 日

健康山东的山大关怀

服务山东　倾心健康

世事奇幻异彩，总归于眼底黑白。
多少人追求看得远，我只愿护你看得见。
这是我抱的小小野心
——予你光明。
不枉自然，馈赠的每一分权利。

人生澎湃激扬，总归于岁月静好。
谁不爱挑战极限，我只愿为你守护底线。
这是我怀的暖暖仁心
——予你平安。
不枉生命，赋予的每一缕福音。

人间繁华喧嚣，总归于生死聚散。
守得寂寞饮冰十年，救死扶伤热血难凉。
这是我存的烈烈初心
——予你健康。
不辱使命，托付我医者的荣光。

视频文稿

【字幕】

2018年1月26日，菏泽市定陶人民医院。

【解说词】

因为患有白内障，这些老人在混沌甚至黑暗中度过了几千个日夜。今天，山东大学第二医院组织的百年齐鲁医学“光明行”活动，免费为他们手术，让这些干涸的眼睛重新流淌出清泉。

在眼科主任张晗的带领下，“光明行”团队在国内免费治愈了1000多名眼疾患者。今年，他们计划在山东再走进20个县区。

【同期声】张晗 山东大学第二医院眼科主任

并不是一次“光明行”就结束了，我们只是一个开端。将来我们可能要把医生派下来，同时他们的医生可以派到我们那里去学习，进行培训，更好地服务当地老百姓。

【解说词】

“用我的仁心仁术，守护你的岁月静好”，这是山东大学服务“健康山东”的承诺和担当。刚刚过去的2017年，山东大学附属的4所医院和省内100多家市县医院开展分级诊疗技术协作，优质医疗服务不断下沉；同时还举行了300多次义诊，3万多名群众从中受益。

作为省内开创医学教育先河的山东大学齐鲁医学院，迈向科研高峰的攀登也从未止步。过去5年，齐鲁医学院承担了1000多项国家级科研项目，药理学、临床医学都走在了国内前列。就拿脑科学来说，现在世界各国都在竞相研发。齐鲁医院院长李新钢挂帅的脑科学协同创新中心，是我国最早从事脑科学研发的机构之一，山东也由此跟上了世界的步伐。

【同期声】李新钢 山东大学齐鲁医院院长

这个研究如果能够推向市场，成果转化以后，将对我们省乃至全国各个级别的医疗机构的脑相关疾病诊断的准确性有很大的提高。

【解说词】

超前的眼光，不懈的求索，齐鲁医学院 7 个学科进入中国最佳临床专科前 10 名，山东居民不用出省，就能得到国内最顶尖的诊疗服务。

随着“健康中国”上升为国家战略，齐鲁医学院的发展战略也在转变，从疾病诊疗为中心转向以健康服务为中心。在济南，山大二院运营的善德养老院里，老人们不仅得到精心照料，还能得到及时的诊疗服务，遇到身体不适，老人可以通过绿色通道直接转送医院。

2016 年，山东大学建设起医学大数据研究中心，收集起全省 500 多万名居民的体检、医疗信息，并构建了 20 多种疾病预测模型。受益于这些模型，在菏泽经济开发区，老人的体检指标、生活习惯等一经录入，系统就能自动分析出未来几年老人的患病风险。

【同期声】成广福 菏泽市经济开发区大成庄村村民

健康评估单给每个病号一份，病号回去到家可以看看，有什么病情他心里都知道了。

【同期声】李岩 菏泽经济开发区卫计局副局长

高血压、糖尿病、脑卒中，看哪个患病的风险比较高，这样就给他一些干预措施，如果高了下次增加一次寻访；然后第二次再高，要求他转诊。

【解说词】

通过大数据分析，今年山东大学绘制出全人群全生命历程健康图谱，对山东人来说，哪些疾病最易得，哪些疾病最致命，健康维护水平怎么样等一系列健康问题，都会变得清清楚楚。

【同期声】薛付忠 山东大学齐鲁生物医学大数据研究中心主任

反映了我们省人群健康的本地状况，这个本地的状况不仅对于科学研究、卫生布局、卫生投入以及重点疾病的防治，还有“健康山东”的建设，推进健康产业化，都是一个非常重要的、基础的、本地资料的支撑。

【解说词】

今年初，《“健康山东2030”规划纲要》正式发布，山东健康事业又站在了新起点。对接全省战略规划，山东大学齐鲁医学院也明确学科建设、人才培养、技术创新等重点任务，力争在疑难危重疾病诊疗、重大前沿学术科研、高水平学科建设和人才引育等方面继续走在全国前列，为9900万山东人民的身心健康保驾护航！

视频刊播于2018年4月26日

两任校长与《共产党宣言》的故事

红色基因　一脉传承

这是山大校长，
与《共产党宣言》的故事。
那是以忠贞赤诚的勇力，垦拓思想启迪之先河。
那是以精益求精的执着，深耕主义发育之沃土。
将生命之有限，献于理想之无穷。

这是新时代青年，
对《共产党宣言》的叙事。
就以这精短的篇幅，重述百七十年之衍变。
就以这轻盈的阐述，聆听打碎枷锁之雷鸣。
以青春之飞扬，激荡真理之不朽。

这是今天的我们，
致《共产党宣言》的敬意。
让我以青年的心声，唱和历史之回响。
让我以赤子的天真，宣明担当之誓言。
以我辈之双手，接续人类之伟业。

视频文稿

【解说词】

170 多年前，《共产党宣言》正式出版。为了扩大传播，不少人可是孜孜不倦地翻译这本经典著作。咱山东大学的两任校长，就是其中有代表性的两位。

1929 年，咱们的华岗校长 26 岁，按照党的指示，开始翻译英文版《共产党宣言》。那时，他还要忙着党的宣传、组织和刊物出版等很多工作，翻译条件极为艰苦。

1930 年译本出版后，也创下了多个“第一”，因为它是中国共产党成立后出版的第一个《共产党宣言》中文全译本，第一个中国共产党员翻译的《共产党宣言》译本，第一次采用中英文对照出版的《共产党宣言》，那句铿锵有力的“全世界无产阶级联合起来”也出自这里。

果然自古中华多才俊啊！为华校长打个 call。

先别忙着点赞，咱的另一位校长成仿吾，也是位超级牛人，先后五次翻译过《共产党宣言》。成校长是个“语言达人”，精通五国语言。1929 年，在巴黎翻译德文版《共产党宣言》，他是我国第一位直接翻译德文版的学者专家。

1938 年，回到延安后，成仿吾和《解放日报》编辑徐冰一起合译，当时连本像样的德文字典都找不到，两人硬是你一半、我一半地完成翻译，还在延安、武汉、上海等地先后出版。

那后来他为什么还要再翻译呢？

革命不断深入，对马克思主义的理解当然也要不断深入。后来，他又先后三次对延安版的《共产党宣言》进行校译。

1975 年，已经 78 岁高龄的成仿吾，第五次进行翻译。每天和助手们讨论三个多小时，经过三遍重大修改，又到机关、工厂、公社、部队中征求意见。1978 年，这个译本由人民出版社出版，成为唯一与中央编译局译本同时发行的《共产党宣言》译本。

这些版本的《共产党宣言》始终在激励着我们前进！今天，我们一定要紧握前辈的接力棒，为实现我们中华民族的伟大复兴贡献出我们这一代人的力量！

视频刊播于 2018 年 5 月 4 日

文化山东的山大担承

服务山东　倾忱文化

大学之大，国之重器，乃文脉所系。

传承文化，渡我一程原乡之路——溯源历史，寻望归途。
遍览典籍浩瀚，守护代代精神家园。

传播文化，引我一程启航之路——求索真知，开拓前途。
洞察时势革变，照亮芸芸民生未来。

传扬文化，载我一程奋进之路——道不远人，指引征途。
千里始于足下，镌刻漫漫强国峥嵘。

视频刊播于 2018 年 5 月 10 日

视频文稿略

经济强省的山大价值

服务山东　倾力经济

它很近。

它的“形”，或伫立身边，或握于掌间。

它很远。

它的“芯”，正漫步太空，正行走云端。

它很微小。

它的母体，只是一间实验室，只是一方培养皿。

它很博大。

它的远方，是播撒农耕千里，是丰沃良田万顷。

它很普通。

贯穿衣食住行，守护平凡生活。

它很重要。

志在经世济民，撬动大国崛起。

它是你。

人才雾列的成就，学者星驰的奉献。

它是我。

年华菁菁的奋斗，学子莘莘的梦想。

它是今天，智慧与科技去灌溉，

仿佛扎下齐鲁的根脉。

它是明天，经济与民生的美好，

好似接天连地的繁花。

视频刊播于 2018 年 5 月 23 日

视频文稿略

向舞而生

无以描摹　唯有起舞

远古精灵抖落片羽落在今日之人间，
于是有人不辞辛苦，学会俯仰腾旋，
曼舞翩然，逍遥矫健。

深藏血脉的图腾浮现在舞者的双眼，
于是他们闪转如作画，写诗用脚尖，
直击心灵，莲步款款。

满腔挚爱深情在心头悄然盛开十里，
于是舞者无以描摹，唯有起舞，
向舞而生，永不停息——
以千变万化的隔墙花影为舞
以戈壁黄沙漫天飞絮为舞
以拣尽寒枝不肯栖为舞
以空山有雪相待为舞
以云霭闲孤鹤为舞
以墨沉池底为舞
以真善美为舞
以生命为舞
以爱为舞
……

视频文稿

哪一场美丽背后，不是持续的努力。其实我想悄悄告诉你，为了毕业大戏，我足足准备了4年。站在舞台上的时候，我告诉自己，这就是我的信仰。

【同期声】张铃梓 山东大学艺术学院2014级舞蹈专业学生

这次毕业专场演出，是我们大学4年最重要的一个舞台。为了做好这台演出，我们从去年9月份，就已经开始准备了。从早上8点多，训练到晚上8、9点，这样一遍、两遍、三遍、十几遍地过，过到形成身体记忆，就算你脑子忘动作了，你听到那个音乐身体自己都跟着做。

【现场同期】艺术学院李园老师带领学生排练舞蹈

这不叫斜视，明白吗？不要整个移动，这样。

【同期声】张铃梓 山东大学艺术学院2014级舞蹈专业学生

我们的李园老师，现在怀孕有5个多月了，然后老师一着急，也会亲自给我们示范很多动作。

【同期声】郑宏辰 山东大学艺术学院2014级舞蹈专业学生

演出一共是23个节目，有我8个节目，挑战最大的就是和女生跳的那个双人舞，全程都在绷着劲跳，情绪也非常高涨，体力上要求也非常大。第二天起来膝盖都疼得受不了，老伤好像复发了。

很多人都有伤，都是擦破皮了，要不就是很严重，都烂了，过半个月都好不了这种小伤口。

【同期声】张铃梓 山东大学艺术学院2014级舞蹈专业学生

比方说在你跟音乐的时候，发现自己比别人晚了一拍，一着急就摔过去了，也不会觉得疼，最后跳完了之后松了一口气，哇，我这儿怎么黑青了，我后背好疼啊，这才开始反应过来。

【字幕】

《南京·亮》是这次演出的压轴大戏，反映1937年南京大屠杀给国人带来的灾难和创伤。

【同期声】郑宏辰 山东大学艺术学院2014级舞蹈专业学生

我演的是一个日本人。当时怎么也找不到这个角色的感觉，就是看一个中国的老人朗诵的一个日本老兵的回忆录，当时看完了之后很震撼，真正体会到这种受过战争洗礼的人的忏悔，把他所有的台词都记下来了，每次在我们排《南京·亮》的时候，我都会读一遍这个（笔记），然后把自己彻底的融入到（这个人物）当中，这样才慢慢找到了这个角色的感觉。

【同期声】张铃梓 山东大学艺术学院2014级舞蹈专业学生

《南京·亮》里面的主演特别重要，几个场景主演都会哭，她会用一些很激亢的动作去做。主演哭声一出来，氛围就不一样了，就全部集中在那个感觉里面了。我们就在跳一支舞，仿佛一个人在跳舞。

【字幕】

2018年5月20日，2014级舞蹈专业毕业专场演出拉开帷幕，《南京·亮》正式上演。精准的理解，精彩的演绎，把大家拉回到81年前的那场人类浩劫中，也提醒着人们不忘历史，敬畏生命，珍爱和平。

18位舞者，23个作品，2小时的完美演出，这是一次青春的回响，这是一场绚烂的绽放。

然而，没有天生的舞者。为了这台演出，他们专门准备了240天，在山大的舞蹈房辛勤打磨了4年。聚光灯下的掌声，是献给为梦想而不懈努力的人。

【同期声】张铃梓 山东大学艺术学院2014级舞蹈专业学生

我就是想完成这一次演出，我就是想把最好的一次（演出）留在这台演出。

【同期声】郑宏辰 山东大学艺术学院 2014 级舞蹈专业学生

自己感觉一定要把这个（毕业舞蹈）专场办好。一定要跳好。不然感觉这是一生的遗憾。

【同期声】张雨洁 山东大学艺术学院 2014 级舞蹈专业学生

台下十年功，台上几分钟，累的、苦的什么都经历过，最后就展现在最后这一场的演出。

【字幕】

他们是山东大学舞蹈专业最后一届本科生。

【同期声】张雨洁 山东大学艺术学院 2014 级舞蹈专业学生

就感觉我们走了之后，舞蹈房就再也没人跳舞了，然后就觉得特别难受。以前师哥师姐会转身向我们鞠躬，然后我们会大声地说师哥师姐毕业快乐，可是这次呢？就是我们可能一转身，就没有人给我们说师哥师姐毕业快乐。

【同期声】郑宏辰 山东大学艺术学院 2014 级舞蹈专业学生

离不开舞蹈，感觉就是永远都跳不够，就是想跳。

【同期声】张铃梓 山东大学艺术学院 2014 级舞蹈专业学生

我们山大舞蹈，聚是一团火，散是满天星。

【现场同期】山东大学艺术学院 2014 级舞蹈专业毕业专场演出谢幕

山大舞蹈，永不停息。

视频刊播于 2018 年 5 月 31 日

夏日恋曲·凝眸处

春秋几度　爱恋一生

天天看你——
你的威严
你的灵动
初见的一眼，爱恋的瞬间

悄悄看你——
你的宽厚
你的轻盈
惊艳的一眼，纯洁的流年

喜欢看你——
你的温婉
你的巍峨
你的生机
你的古拙
深情的一眼，芳草碧连天

千百次看你——
绿树掩映的你

花香沉浸的你
流连的一眼，今宵别梦寒

再一次看你——
风云不改的你
沧桑不移的你
再看你一眼，母亲的笑颜

看你——
在我最美的年纪，
遇见的最美的你。
最美的人生，是
回眸，看得见家国来处。
远眺，望得到天下未来。

视频刊播于 2018 年 6 月 22 日

视频文稿略

毕业季

星空交响·夜山大

一念星辉　万顷银河

一灯暖隅，万炬照国
一灯，是沉默的笙箫
万炬，是深夜的交响

一念花开，万朵银河
一念，是沉思的灵魂
万朵，是斑斓的宇宙

一步精彩，万心执着
一步，行走真实的自我
万心，推动美丽的家国

视频刊播于 2018 年 6 月 26 日

视频文稿略

大学的最后一堂思政课

临别一言　风蓬万里

启程远走，是游子的天性。
送别叮咛，是母亲的本能。

此地一为别，带好罗盘。
人生的罗盘，真名唤作理想。
大学不能指给你坦途，
但她教我们，固定初心与方向。

浮云游子意，折好地图。
未来的地图，本名叫作历史。
大学不会画给你轨迹，
可她告诉我们，来处与归途。

风蓬万里征，背好行囊。
终生的行囊，真身乃是实践。
大学无法储备一世的干粮，
但赋予我们，前行路上不竭的能量。

最后一堂课，
这是母校的“临行密密缝”，
听最后一堂课吧，
给你的征衣，纫最后一丝线。

视频文稿

大学时光，洒满青春的色彩。所谓“芳华”，是浪漫与激情的岁月，还有那忘不了的身影和耳畔熟悉的声音。

你们即将远行，他们想在你们的行囊中装下一些嘱托。

【同期声】程英　山东大学马克思主义学院“思想道德修养与法律基础”课教师

大学一年级，我们从“逝者如斯夫”的人生追梦开始，探讨人生目的、人生价值、人生意义，懂得一个人的价值在于奉献而不在于索取。

我们认知个人与社会的关系，每个人都是社会关系的总和，一滴水融于大海方能焕发出生机和活力。每个人只有在社会实践中自觉把个人的命运同社会进步、人类发展结合在一起，才能成长成材。

我们谈中国精神，以爱国主义为核心的民族精神，以改革创新为核心的时代精神，这是强心聚力的兴国之魂，强国之魄。

同学们，以时代使命为己任，把握时代脉搏，迎接时代挑战，增强创新创造的能力和本领，勇做改革创新的实践者！

【同期声】马明冲　山东大学马克思主义学院“中国近现代史纲要”课教师

从 19 世纪 40 年代到 20 世纪 40 年代中叶，105 年的时间，全世界几乎大大小小的帝国主义国家都侵略过我们，打过我们，最终都是以签订丧权辱国的条约而告终的。

作为千年未有之变局时代，毛泽东站在历史的深度，分析有两个原因：第一，社会制度腐败；第二，经济技术落后。他们穷其一生，殚精竭虑，完成了对社会制度的变更，进行了对经济技术的探索。

站在21世纪第二个十年将要结束的历史节点，国家富强、民族振兴和人民幸福的责任和使命，历史地落在了亲爱的“90后”的同学们身上。历史的车轮滚滚向前，时代的潮流浩浩荡荡，历史只会眷顾奋进者、拼搏者。

【同期声】周金龙 山东大学马克思主义学院“毛泽东思想和中国特色社会主义理论体系概论”课教师

党的十九大是我们党开启新征程、续写新篇章的政治宣言和行动纲领。在党的十九大上提出了我们新时代的战略安排：从现在开始到2020年，全面建成小康社会；在此基础上，再经过15年的奋斗，到2035年的时候要基本实现现代化。

按照新时代的战略安排，再过17年共和国基本实现现代化的时候，各位同学40岁左右，将是各行各业的中坚，到本世纪中叶，共和国将在各位同学手中建设成为富强、民主、文明、和谐、美丽的现代化强国。

【同期声】林红 山东大学马克思主义学院“马克思主义基本原理概论”课教师

马克思曾经说过，一个时代的精神是青年的精神，一个时代的性格是青年代表的性格。

实践是认识的来源，也是检验认识真理性的标准。大学期间，大家的知识体系大多从书本和课堂中获得的，踏上社会后大家要多从实践中汲取经验。最可取的职业也是能给人以尊严的职业，因为他把国家、社会、人民的需要，和自己的专业、兴趣、能力结合起来，将创造的成果奉献给社会，每个人的需要和价值也只有在为社会、为同事带来的幸福做贡献的过程中才能获得。

希望大家在选择人生道路和进行职业规划时候，能以青年马克思为榜样，将个人理想与社会理想结合起来，在实践中创造自己的人生价值。

【同期声】张士海 山东大学马克思主义学院“毛泽东思想和中国特色社会主义理论体系概论”课教师

当代青年学习思想政治理论课，要努力做到知识、方法、境界三位一体。我们不仅仅要学习政治知识，要努力掌握科学的方法，更要提升思想境界。通过对毛泽东思想和中国特色社会主义理论体系概论这门课的学习，我们认识到一部马克思主义中国化的历史，就是一部中国共产党人为了理想而努力奋斗的历史，就是一部不忘初心、矢志不渝的创业史，就是一部不屈不挠、愈挫愈勇的奋斗史。

青年一代有理想、有本领、有担当，国家就有前途，民族就有希望。

【字幕】

在选择职业时，我们应该遵循的主要指针是人类的幸福和我们自身的完美。——卡尔·马克思

什么是模范青年？就是要有永久奋斗这一条。——毛泽东

青年时代，选择吃苦也就选择了收获，选择奉献也就选择了高尚。——习近平

祝亲爱的同学们，把自身的发展和历史、时代结合起来，创造属于我们自己的历史。

视频刊播于 2018 年 6 月 27 日

共同的名字

一道征程　一担使命

至近至远东西。
无问。
爱我所爱，行我所行，
各去追寻，一株木棉对一棵橡树的致意。

至深至浅真理。
无穷。
学海天涯，气养浩然，
各去探索，进一步是进一步的欢喜。

至轻至重朝夕。
无懈。
惜取少年，莫负光阴，
各去成长，凡一代有一代人之风气。

至高至广天地。
无愧。
燕然勒功，击楫中流，
各去开辟，但我们是以共同的名义。

一步一步，走同一道征程。
一代一代，赴同一担使命。
面朝旗帜，攥成同一只拳头。
胸膛炙热，念着同一个名字。

视频文稿

【解说词】

每一份付出都饱含温情，每一份坚持都充满敬意。

他 1985 年递交第一份入党申请书，用 31 年准备入党，用 32 年坚守一个党员的责任。

他 1992 年入党，1999 年求学美国，只为有一天学成归来，报效国家。

她 2013 年入党，2014 年远赴新疆支教，从入党的光荣到党员的使命，年轻的肩膀上增添了一份责任。

当荣誉成为历史，他保留一颗初心，忠诚于党，相信自己还能做更多。

【同期声】董伯先 离退休党委第一总支副书记 中共山东大学第十四次代表大会代表

我们这个支部，平均（年龄）已经是 88 岁以上了。作为老党员更应该和党保持高度一致，牢记自己是共产党员，应该在各项工作当中起模范带头作用。

【解说词】

生活不在别处，脚下即是前方。积步千里，累累硕果，是他在山东大学从教 10 年来矢志不渝扎根科研的见证。

【同期声】易凡 山东大学基础医学院院长 中共山东大学第十四次代表大会代表

作为一个年轻的老党员，要发挥党员的先锋带头作用，勇于担当，勇于改革，勇于奉献，为学院的发展、为学科的建设投入更多的精力，同时也为我们山东大学建设世界一流大学贡献自己的力量。

【解说词】

即将毕业，远足的行囊中装下更多对母校的眷恋和对未来的憧憬。

【同期声】党瑞琪 山东大学经济学院 2018 届硕士毕业生 中共山东大学第十四次代表大会代表

作为一名年轻党员，我将继续秉持山大人踏实、朴实、诚实的优良品格，在新时代的新征程中，做一名服务人民的合格党员。凡我在处，便是山大。

【解说词】

他们有不同的身份，却有一个共同的名字——中国共产党党员。牢记使命，不忘初心，冲锋在前，孜孜不倦，只因曾经那一天在党旗面前宣下的誓言。

【同期声】董伯先 离退休党委第一总支副书记 中共山东大学第十四次代表大会代表

我宣誓。

【同期声】易凡 山东大学基础医学院院长 中共山东大学第十四次代表大会代表

我宣誓。

【同期声】党瑞琪 山东大学经济学院 2018 届硕士毕业生 中共山东大学第十四次代表大会代表

我宣誓。

【同期声】中共党员入党誓词歌《我宣誓》

我志愿加入中国共产党，拥护党的纲领，遵守党的章程，履行党员义务，执行党的决定，严守党的纪律，保守党的秘密，对党忠诚，积极工作，为共产主义奋斗终身，随时准备为党和人民牺牲一切，永不叛党。

【字幕】

山东大学齐鲁医院张茂宏教授从医 71 年，坚持工作在第一线；“党支部建在工地上”，山东大学岩土工程中心团队获“全国高校黄大年式教师团队”称号；2017 年 6 月，山东大学成为国内首个独立设置“党的建设”二级学科的高校；山东大学化学学科成为山东大学第一个进入 ESI 前 1‰的学科；山东大学新闻传播学院承办全国第二届马克思主义与中国新闻传播学研讨会。

截至 2018 年 5 月，山东大学共有党支部 974 个，党员 19149 人，正式党员 17382 人。

视频刊播于 2018 年 6 月 28 日

卡特琳的中国梦

千言万语　千丝万缕

这是一个涌在心头的盛大旧梦——
繁星浩瀚，烈日流沙。
海上明月，驼铃胡笳。

这是一个怀想千年的繁华美梦——
丝绸换香料，瓷器抵珠宝，美玉易良马。
大漠到海洋，大汉到盛唐，东海到西亚。

这是一个值得追寻的最美中国梦——
和平合作，开放包容。
互学互鉴，互利共赢。

追寻它，跨越千山万水，
零基础，学会千言万语。
只因为，未来千丝万缕。

视频刊播于 2018 年 7 月 8 日

视频文稿略

和丁肇中一起寻找“彩色雨滴”

丈量宇宙　永葆好奇

天圆地方，神明造人，
海的尽头有不老仙丹。
星星眨眼，月亮发光，
太阳绕着地球昼夜旋转。
如果没有好奇心，
你会以为，已知就是全部。

良马最快，大象最重，
蒸汽只能顶起壶盖。
针尖最细，刀剑最锋，
越重的物体下落越快。
如果没有科学精神，
你会以为，世界只能如此。

人类从远古走来。
纯粹的好奇心、严谨的科学精神，
是我们的双翼。
上百年无望的停滞、千百次惨烈的跌落，
依然无法阻挡一次振翅，腾空而起——

从愚昧飞向文明，
从陆地飞向太空，
从未知，飞向下一个未知。

宇宙是什么构成的？
有没有外星人呢？

…………

终有一天，科学会回答我们所有的好奇。

视频文稿

（AMS）精确度是非常高的，相当于北京或者济南下雨的时候，中间有一个（雨滴）是不同的颜色，我们一定要从这100亿个雨滴中把它找出来，所以说精确度就是100亿分之一。

没有山东大学热工程团队的贡献，AMS不会存在。

【字幕】

2011年5月16日，美国奋进号航天飞机搭载AMS升空。

【解说词】

从上世纪90年代开始，丁肇中教授主持开展AMS国际大科学工程，将精密粒子探测装置安置在太空空间站，探测宇宙射线，寻找暗物质、反物质，探索宇宙起源。

【字幕】

2018年7月10日，瑞士日内瓦AMS载荷运作控制中心。

【解说词】

在日内瓦的控制中心，太空中探测到的粒子信息源源不断地传回这里。来自山东大学的 4 位青年学者，时刻关注着探测装置的热控制系统数据。

【同期声】孙锲 山东大学热科学与工程研究中心主任

对于我们很多在地面上未曾设想到的空间当中的传热的现象进行分析、进行研究，这个科学意义和价值是非常大的。

【解说词】

山东大学热科学研究团队 2004 年开始参与 AMS 项目，全面负责热系统的研究、设计、制造与实验。

在太空中，粒子探测装置平均每 93 分钟就要绕地球一圈，一个半小时的时间里，它的外部温差超过 30℃。要保证仪器正常运转，设备必须保持相对恒温，温差不能超过 3℃。

【同期声】程林 山东大学副校长 AMS 项目热系统总负责人

完全不可能像地面一样，用电风扇或者是冷却水把热很容易散出去，它所产生的所有热会全部导到一块板子散出去。

【解说词】

2004 年美国航天飞机失事，美国政府下令，终止一切空间站上的太空实验，这给正积极推进的 AMS 项目蒙上一层阴影。如果没有航天飞机搭载仪器设备进入空间站，这个庞大的太空探索计划将面临中止的风险。那段时间，丁肇中教授不断奔走于美国政府、国会。作为参与者，山东大学热科学团队科研的脚步一刻没有放缓。

【同期声】孙锲 山东大学热科学与工程研究中心主任

大家坚信这个事情是非常、非常有意义，必须要去做，而且一定能够做成的。

【同期声】丁肇中 诺贝尔物理学奖获得者

结果美国的参议院和众议院同意我的说法，所以到 2008 年就特别定了一条法律，要求美国政府专门为我们增加一班航天飞机，把我们（的设备）送到国际空间站上。

【解说词】

从2004年到2011年，山东大学热科学团队先后绘制1万多张图纸，形成了1000多万字的技术资料。因为要全身心投入设计研发，7年中，不少参与研发的学者没有发表一篇学术论文。

执着于科研，淡泊于名利，严谨的科研态度，创新的科学精神，构筑起高水平的研发团队。在实现AMS探测器热系统的建造后，山东大学先后有近60人在欧洲核子中心、欧洲航天技术中心工作，成为世界上唯一一个连续多年掌握热控制系统太空运行参数的团队。

【同期声】丁肇中 诺贝尔物理学奖获得者

这对以后中国载人航天是非常重要的，将来（要）在月球上建立基地，第二步载人到火星上去，重要的事情就是要把热控制系统做好，这个经验现在只有在山东大学有。

【解说词】

运行7年，AMS在太空中精确地测量了1200亿宇宙线粒子，测量到的正电子和反质子的结果，都与暗物质理论相符合。未来，山东大学还将更积极地投入到丁肇中教授领导的这项大科学工程中。

【同期声】樊丽明 山东大学校长

派出物理学科，特别是粒子物理方向的学者和博士研究生参与到AMS项目组中，从事探测和寻找暗物质的研究工作，积极贡献山东智慧和山大力量。

视频刊播于2018年7月17日

行走江湖

神威擅武 儒雅晓文

有人的地方就有江湖。
身在江湖，
不在舞刀弄剑的行侠仗义。
而在行走与抵达。

在行走中，寻找。
行走田野，
寻找丰富风俗。
行走乡村，
发掘古老传统。

在抵达时，实现。
抵达当下，
捡拾沧海遗珠。
抵达未来，
实现文明赓续。

有人的地方就有文化。
身在其中，
不只是书斋里的学者，
还是田野间的行者。

视频文稿

我从小生活在乡村，在我老家，男孩子有习武的传统，后来当我选择学术方向的时候，我体会到武术所代表的中华文化的博大精深，所以我选择了民俗学。我想像研究传统武术那样，研究我们的衣食住行、婚丧嫁娶和老百姓的日常生活。

【同期声】张士闪 山东大学文化遗产研究院院长 教授

民俗学是从日常生活之中认识民族、国家、历史的一种方式。我们所做的工作是对华北的乡村做深度的田野作业，并把它作为一种基础，从礼俗互动中理解中国。

每年要花三个月或者更多的时间进村入户，来聆听父老乡亲的诉说，这是我们视为己任的一个东西。我连着 20 年跑一个地方，每年我看它是不一样的，就是变中的不变和不变中的变，这是最有趣的一个地方。

我们前一阵去的荣成的一个渔村叫院夼村，它由近海捕捞改成远洋作业以后，过谷雨节、祭海节的时候，大部分的船老大都不在，这个节日按说就已经失去根基了。恰恰相反，这个节越过越热闹，船老大不在，可是家乡永远有一碗祭海节、谷雨节的酒等着他回来喝。

这几年我拍摄的《小章竹马》，是节日影像志，也是非遗纪录片。做这样一个纪录片的过程之中，我感到民间传统的丰富与坚韧的可贵，和父老乡亲所体现出来的精神，我把它理解成中华文明几千年来一直连续不断、无远弗届的一个伟大力量的所在。

民俗学的一大乐趣就是一般人只有一个家乡，民俗学者可以有多个家乡，能为自己的这样一个民俗学的故乡做一点贡献，我觉得这是民俗学者特别好的（体验）。

这是山东省民俗学会所建的一个民俗博物馆，里面有民俗实物和非遗精品十几个大类，18000多件（展品），作为会长我感到非常自豪。我也有一个梦想，在我们山东大学也能建这么一座有一流标准的民俗博物馆。

山东大学，我觉得是我文化生命萌发和茁壮成长的那么一个地方，我们经常在内部说我们要做“小而强”，我们要做山大人文传统复兴的一面小旗帜，我们把山东大学民俗学更好地、更快地发展视为神圣的责任，山大民俗学可以发出更多的光亮。

视频刊播于2018年8月1日

图书馆里的女孩

沉浸书海　含英咀华

时间的闸门由它守护，开启它吧——
树一竿魏晋风骨，沐一蓑唐宋烟雨；
醉一场此刻今生，梦一座未来国度。

空间的钥匙被它保管，翻阅它吧——
九天揽月，逐日摘星，观恢宏盛大；
七巧玲珑，抽丝剥茧，察精巧细微。

永恒和真谛在它中间，走进它吧——
拜圣人为师，携同道为友；
与哲人思辨，同智者交锋。

沉浸书海，含英咀华。
目极千里，思接万年。

视频文稿

【同期声】丁安琪 山东大学文学院2014级学生 山东大学图书馆2017年借阅排行第一名

我来自2014级文学院汉语言文学专业中文基地班，我一年大概要读600本书。我很小的时候就喜欢看书，初中的时候就是写完作业了，妈妈拿一本书放在床上，我在地上一坐，一天就看完了。

大一刚入学的时候，我们班有30个人，我排班级第24名。每堂课就感觉自己好自卑啊，然后就每天就不停地泡在图书馆里，除了有课的时候，我每天大概有11个小时左右待在图书馆里。我学长以前对我说不要以为你读的书很多，你是学现当代文学的，读了几本书，你好意思说吗？应该问问自己，读过几排书。

现在我非常满意，看看，老舍的，张爱玲的，一些戏剧的作品，还有这里蒋光慈的，林语堂的，张天翼的，庐隐的，巴金的，这里是萧红的，这里是苏青的，还有民国的作家。我可以骄傲地说这些排的书，我都读过了。

我很享受那种过程，就是那种700多页的书越看越薄，越看越薄。我记得有一天我早上借了5本书，晚上9点40分我走的时候，我都读完了，那天就基本上没出图书馆，太了不起了。有时候读一些研究文献，它真的很难，那个时候，人往往就是精神高度集中的时候，你不觉得你想吃饭，你只是想把它读到最后一页。经常一点半的时候去食堂，发现已经没有什么东西可以吃了。

通过不断地努力，不断地阅读，到了大三下学期结束，我的学习成绩已经上升到了班级的第二名，如果不读书，我超越不了他们。

图书馆是最宝贵的一个东西，山大图书馆很大，书很全。我就特别佩服我们老师，是怎么把书保存，还能留到现在的。就是觉得赶紧珍惜一下图书馆，你出了山大的校门，哪有这么好的环境，这么多的资源，这么好的条件，让你去想读什么读什么，读一天都没人管。你想订外卖都可以不出图书馆的，你就在图书馆里好好奋斗就行了。

我觉得纸质书籍的地位，是任何东西无法取代的。只要你想读书，什么时候你都可以读。

我同学经常会问我，每天都背着书包去图书馆，心无旁骛地从大一开始坚持到现在，这样的生活不无聊吗？我觉得可能就是喜欢吧。只要这条路是你喜欢的，你觉得你现在读的书，拥有的知识，你很骄傲，很开心，而且你还想继续拥有更多的知识，想让自己有更多的才华，那你就坚持下去。你有了这个信念之后，你就能克服夏天 30 多度的燥热，你也能克服 56 个座位只有 3 个人在座的那种寂寞。

不管别人怎么看，这条路适合我，我就走下去，就可以了。

【字幕】

2017 年山东大学图书馆全年开放 365 天，24 小时网上服务，全年入馆读者 3465879 人次。

视频刊播于 2018 年 8 月 8 日

走进森林

走向绿色　走向远方

听说有个地方，有风就能飞翔。

云的羽片，水的粼光，
康定的情歌，波密的溪流。
格桑花打扮卓玛，
纳木错扬起柔波。
仿佛散落的童话，美的就像星河。

向往这个地方，遍地安康吉祥。

溜溜的山，茫茫的林，
翻过唐古拉，寻那雪莲花。
扎西德勒的心灵牧场，
雅鲁藏布的生命流淌。
记着远古的呼唤，纯净如同诗行。

走进这个地方，步履实现梦想。

金色的雪，微冷的雨，
一盏青稞醉，一口酥油浓。
难忘的是今宵，摇曳的是篝火。
这是世界另一个入口，闯进是无限。
这里放长时间的标记，刻度为永恒。
穿林打叶，有你共听。
竹杖芒鞋，与你同行。

视频刊播于 2018 年 8 月 24 日

视频文稿略

袁世硕与《录鬼簿》

世说宏音　硕学远到

手不释卷，端坐在微风的窗前，
行走、翻越、漫溯，
游历于泛黄书页。

书页间，
方块字是庄周的蝴蝶，
句读是流连的贪欢，
阅过一页，便见到了一生。

一生中，
有轻拢慢捻的悦耳，
跌宕起伏的难料，
于细微处，捕捉时代风吟。

那风吟，
呼啸着，卷袭着，
混沌着，湮没着。
困囿在历史的烟尘里。

拨开戏曲的迷雾，
行走、翻越、漫溯，
一路道阻且长。
手不释卷，轻推开微风的窗。

视频文稿

元杂剧是成熟于元代的戏曲形式，是中国戏曲史上光辉的一页。由于历史资料过少，很多学者对元杂剧的存在和价值提出疑问。

【同期声】袁世硕 山东大学终身教授

现在国内外都有一种倾向，认为现在元杂剧已经不存在了。做元杂剧研究，我们证明了元人杂剧就是一种成熟的戏曲。我们要拯救我们的元人杂剧。

《录鬼簿》记录元代杂剧和散曲的作者，作品非常齐全。我的导师山东大学中国古代文学专业的大师冯沅君先生，曾经想做《录鬼簿》的校注。后来随着时代的发展，她与时俱进地着重研究古代戏曲的思想和艺术了。她没有做的，我们是不是可以补上这个遗憾？用充足的文献资料，通过我们的研究来说明《录鬼簿》记载是完全可靠的，这个对于确立元杂剧的存在、元杂剧的成就，意义就在这里。

元曲四大家，关汉卿、王实甫、白朴、马致远，关汉卿名气很大，但是生平资料很少，王实甫文献资料很少。我们尽量地把文献收集起来，重新对一些作家的生平、事迹、思想进行梳理，我们现在已经把元曲家生平资料编起来了。

现在戏曲部分大概 160 多种吧，有的是元刊本，有的是明代人改过的本子。它们有的是现在剧本不存，完全不存。这些剧的内容是什么，什么时候遗失的，我们要把这个工作做下来。

【字幕】

《录鬼簿》校注工作自2015年开始，课题组3年检阅各类相关古籍文献近1000册，补充、完善《录鬼簿》记录的元代作家和作品近八成，辑录元代作家、作品相关信息超过40万字。计划全书成稿50万字，现已定稿15万字。

【同期声】袁世硕 山东大学终身教授

现在还是有信心通过《录鬼簿》校注，使《录鬼簿》记载的人物让我们后人感觉到他是实际的，那些剧本都是客观存在的，使元代的作家都能够“活起来”。

我们的文化自信就是我们要相信我们的优秀的中华文化传统，自信我们研究的成就、我们研究的学术，自信我们中国古代的文化成就在世界当中的贡献。

【字幕】

袁世硕，山东大学终身教授，享受国务院特殊津贴，教育部重点教材《中国古代文学史》首席专家。

1953年留校至今，袁世硕先生在山东大学执教65年。他勤于教学，培养出近50名硕士、博士研究生，其中多数已成为全国高校中文专业骨干教师和学术带头人，2人被评为长江学者。

视频刊播于2018年9月11日

尼山学堂·立教继绝学

义不容辞　文明赓续

曲阜尼山圣地，
前 551 年诞生孔子。
逝如斯、新如斯，师表垂万世，
千年斯文，发端在兹。

山大尼山学堂，
2012 年始聚贤才。
经可传、道不远，立教继绝学，
义不容辞，赓续在兹。

读原文、学原典，精挑好教材，
经史子集，博学在兹。

涵中外、包古今，开设好课程，
沧海珠玑，弘继在兹。

传大道、纳百家，诚聘好老师，
硕学鸿儒，谈笑在兹。

立志高、定谋远，选拔好学生，
立德树人，可期在兹。

视频刊播于 2018 年 9 月 26 日
视频文稿略

尼山学堂·弘道铸新知

春蚕默默　桃李蓁蓁

尼，
不是“泥”古违今的顽固。
而是根植大地，
看清来处，远眺前途，
这是甘于寂寞的坚守。

山，
不是“删”繁就简的残垣。
而是精挑细选，
万般思量，字斟句酌，
这是青出于蓝的心愿。

学，
是学无止境。
问道以诚，求真为志，
这是精益求精的追求。

堂，
是堂堂正正。
春蚕默默，桃李蓁蓁，
这是言传身教的示范。

视频刊播于 2018 年 9 月 27 日

视频文稿略

其道贵诚

化中有话　学以精诚

强烈的科研热情与炽热的爱国乡情
摩擦、碰撞，迸裂、燃烧
发生化学反应——科研报国之志
在火光中诞生
比火光耀眼
于是星夜兼程
千里雁归来

真理之光投射向致密工作的胶体
明亮、微小，作布朗运动
这是丁达尔现象
加入求真的电解质
形成踏实的沉淀
于是勤勉不懈
领头雁在前

视频刊播于 2018 年 9 月 30 日

视频文稿略

我是“唐社”志愿者

奉献爱心　推己及人

让我们回到最初，
宇宙还原成一个起点。

你一念之间——
太阳出现，行星产生。
大陆移动，人类从汪洋中走来；
取火围猎，社会关系重新构建。
想一想，你要一个怎样的世界？

让世界，免于饥寒。
国家仓廪实，百姓衣食足，
仍爱惜每一粒米，就像爱生命一样。

让世上，再无不公。
给所有教室装上坚固的屋顶，
为每个孩子打开一扇看得见未来的窗。

让世人，灿烂光明。
让志愿服务成为一种生活方式，
让慈善，超越财富和学识，成为流行风尚。

不需回到起点，
世界就在一念之间。

你想要一个怎样的世界？
创造它。

视频刊播于2018年10月5日

视频文稿略

当数学遇上彭实戈

乐在其中　功在其外

黄金螺旋，混沌分形
对数曲率，科赫雪花
波态粒子，薛定谔的猫
地球之变，生命之谜
物理之繁，黎曼几何
自然智慧，数字的探戈
宇宙之大，粒子之微
光电之速，星云变幻
数学之美，上帝的笔记

笛卡尔的暗恋
写给公主的情书——
$r=a(1-\sin\theta)$
极坐标系的密钥曲线，函数给方程的答复
解不解？
思想者长情的传说

彭实戈的险峰
攀援幽辟的小径——

“倒向随机微分方程”
金融王国的星辰大海，控制对风险的爱慕
听不听？
数学家美丽的告白

$r=a(1-\sin\theta)$

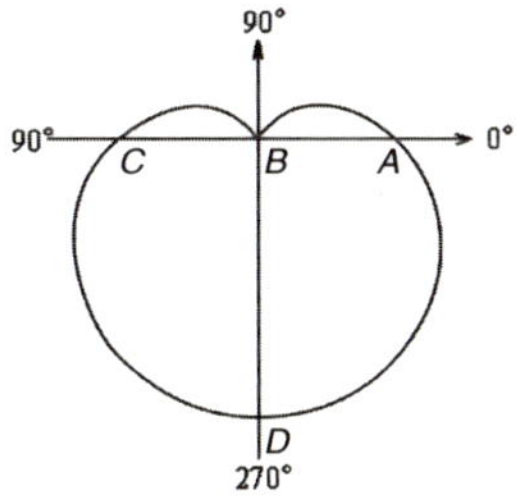

视频文稿

【同期声】彭实戈 中国科学院院士 山东大学数学院终身教授

我差不多看见一座山，就想怎么爬这座山，特别是一看这个山很险，就开始想怎么爬上去。解决数学问题也差不多是这样，你怎么找到一个办法，不只是靠你的蛮力气，要想怎么找到一个办法把这个地方爬上去。

整个科学它是一棵生命之树，首先要自己感兴趣。数学体系在我当时看来，学数学就要解决我碰到的很多自然的问题。中学时代，我自己还是很愿意发明一些东西的，当时做科学家是一种梦想嘛，我记得我曾经给北京航空学院（今北京航空航天大学）写了一封信，怎么去设计一个可以垂直起降的，并且飞行速度特别快的飞机。去了信也没回，当时就提方案，但是你只能提一个方案，只能提一个想法，你说这个想法可能，但是你当时就没办法把这些东西都计算出来。所以这些都是我后来一定要把数学学好的动力，你不学好数学这些问题都解决不了。数学创造性重要，还是数学的严格性重要？两个都重要。

最开始的时候就是说，数学不像物理那样，你做一个理论，主要看这个理论是不是它有应用，不再往这个方向考虑，只是考虑它本身的完备性。

倒向随机微分方程发现不久，因为当时中国在经济、金融各个方面还处于起步的阶段，很多事情要学国外。但是你学国外就经常不知道深浅，特别金融领域、高级金融领域，像期权、期货这种衍生证券。国外人来我们这儿，他们就说帮着你们搞金融，其实是在赚我们中国人的钱，特别是在本来没有成熟的情况下，你做这种交易要给国家产生很大的损失。当时我们大体算了算，每笔的交易差不多至少是 7 ： 3，七成是输，三成是赢，这种概率。

科学的魅力就是很多情况下，你觉得两个领域培养的人，突然之间你发现他两个实际上他们就是你的临界，这个是非常非常神奇的。

我觉得多学一门语言（法语），对我的各个方面，包括数学观念方面，包括想问题方面都是一种很大的提高。

因为数学它充满了挑战，我从小就非常喜欢，它的问题的提出非常清楚、非常严格，问题的解决也非常清楚，（到底）解决没解决，这个是任何其他科学都没有的。

【字幕】

彭实戈创立了“倒向随机微分方程理论”，创建了“非线性 Feynman-Kac 公式”，建立了“动态非线性数学期望理论”。曾获国家自然科学二等奖、山东省最高科学技术奖、陈嘉庚科学奖、华罗庚数学奖等多个奖项，荣获全国优秀教师等多项荣誉。

视频刊播于 2018 年 10 月 13 日

遇见青年

筑巢引凤　共创未来

战火燎原，他涅槃而生。
也曾蹒跚学步，险路弯路，
终于汗水泪水，没有白流。
如今身强体壮，弯道超车，
世界都看他。

立身齐鲁，他心怀天下，
历经离乱不改其风华。
他满腹经纶，满园故事，
美谈流淌在泉水人家。
今天他诚揽英才，心意拳拳，
为你，千遍万遍。

勇敢追梦的少年，
求学路远，成长蜕变。
意气风发的青年，
装备精良，满载理想，
择其良木，敛翼而归。

青年，归来。

视频刊播于 2018 年 10 月 19 日
视频文稿略

山东大学中心校区南校门

杯酒人生

细品美酒　慢品人生

解辔卸甲，掸碌碌红尘，
将骄傲的孤勇放平，收起。
摇曳酒杯，将喧嚣涤去，
蜕为蜗牛一般，柔软缓慢的自己。

像蜗牛一样前行。
沐浴阳光，慢慢生长，
缀满累累硕果，才理解，
每一天都未虚度，
行走本身就是收获。

像蜗牛一样等候。
耐心培植，安心守护，
待到瓜熟蒂落，才体会，
等待是最漫长的修行，
也是最优雅的姿态。

像蜗牛一样坚持。
质量为先，诚信为本，

酿得美酒飘香，终领悟，
诚心和恒心，
是不言自明的高贵品格。

葡萄才刚发芽，
蜗牛已经开始往上爬，可别小瞧它。

它早已熟知酿酒秘方，
或许还深谙人生哲学。

视频文稿

我的志向就是搞一个小有名气的世界品牌，八年不行就十年，十年不行就二十年，我做不完还有我儿子，还有我的那些同事，我的那些员工，我不但要坚持，而且要做得更好。

【同期声】王智太 山东大学经济学院1978级校友 澳洲1847酒庄集团董事长

我是1978年考入山东大学经济系，至今已经40年了。

去年我们刚开了一个“1847”的170周年庆典的会议，这个会议的主题叫“1847”的品牌之路 ，我当时就提出“坚守‘1847’的品牌理念，那就是高品质、高性价比和一贯性”。他们问什么叫高品质？我说就是为了品质可以什么也不顾，可以不讲成本，在这个基础上才能做这个高性价比。在我们酒庄，高等级的酒必须是酿酒师都打到100分才行，要求他们这4个酿酒师分别品鉴之后，必须每个人都感觉到是满分，只要有其中的一个给了90分、95分，就要降级。

当时我到澳洲收购酒庄，首先遇到一个问题，就是我自己买的葡萄地没有问题，因为我可以加大管理措施控制产量，但是我租种的大量的葡萄农场，他们往往是追求数量的。怎么办呢？我就慢慢建立一个制度，我收你的葡萄之后，通过两年的陈酿、两年的酿造之后，由酿酒师组织他们搞盲评，如果这款酒本来是中等酒，但是大家品鉴以后，这款酒是中高等或者高等，这种情况之下，我尽管已经把葡萄款付清了，我会再给他加钱。那么长此以往下去以后，众多的葡萄农就会感觉到给“1847”种高质量的葡萄不吃亏，这样我收的葡萄质量会越来越好。

这几年，尽管“1847”走得很慢，但是一步一个脚印，我觉得很踏实。

回过头来想一想，对我一生影响最大的、最深刻的就是大学四年的教育，对山大的一草一木，对老师们、对同学们，大家相处的每时每刻现在想起来都是记忆犹新。我们8年之前设立了一个基金会，山东大学经济学院聚贤教育基金，当时我捐了100万元。1989年以来，我除了每年至少捐助10万元以外，经济学院我的师弟师妹们，每年毕业酒会、走红地毯或者一些其他的活动，我都会给一些支持。

我觉得作为一个山大的老毕业生，我有这个责任，我愿意做这个事情，主要是对山大的一种情怀，一种难以割舍的情感。山大校友之歌有句歌词叫“凡我在处，便是山大”，作为山大的一个老毕业生，我觉得我只是换了一个地方，离开了校门我到另一个地方去创业，离开了老师，我到另一个地方去展现山大学生的风采，我只是走出山大校门出去闯、出去转，转了30年、50年，甚至是60年，更长的时间，回过头一想，我还是山大的一个毕业生，还是山大的一个老毕业生，这一点我觉得很难变，也不会变。

视频刊播于2018年11月2日

让中华典籍回家

躬逢盛事　汉籍合璧

一字一珠，
解开记事的绳结。
故事开始记载，
思想得以流传。
——文字，蕴延续的力量。

一板一眼，
捕捉文字的痕迹。
研究者追溯以求真，
品赏者比较以辨美。
——典籍，是文明的居所。

一心一德，
啜饮典籍的沉默。
内容和历史相通，
命运和国运相连。
——寻觅，赴深邃的瀚海。

一生一事，
不计瀚海漂泊。
让中华文化走出去，
把中华典籍接回家。
——合璧，是文明的盛宴。

视频文稿

【同期声】郑杰文 山东大学文学院讲席教授

我是 1985 年考到山东大学，来读古籍整理的研究生班，1987 年留校，到现在 30 来年，一直就做先秦诸子文献和整个中华文献的研究、整理。子书的整理和研究是我们这个师门的传统，我的老师是董治安教授，董老师的老师是高亨先生。1982 年高亨先生 80 多岁的时候，把他的手稿郑重地托给了董老师，我们碰到难题都是董老师出主意来这里掌舵。

《子海》项目进行了两年，董老师过世了。2017 年开成果发布会的时候，学校就启动了“全球汉籍合璧工程”，任务是要在全球的范围内，把中国大陆所缺藏的“经史子集”四部的古籍用现代化手段复制回来，把它做整理，提供给文史哲研究工作者来用，然后在这个基础上做数据库，在这个基础上做学术研究，作为咱们新时代的一个国家重大的文化工程，做出新时代的“四库全书”。

我们现在是按照一个一个的图书馆的馆藏来找。像日本有一个静嘉堂文库，号称藏着中国的 200 部宋版书，现在世界上存的宋版书数量已经在两三位数之内了。我们去做工作，给他讲这个（“全球汉籍合璧工程”）是为了全人类的文化事业，他们后来想通了，他们能提供这么多宋版书，我们心里很高兴。俄罗斯的列宁图书馆，它整个都没有编目，就是在借书的抽屉里有一个卡片，把咱们的学术人员派过去，住在那里，首先帮他把书清理好，然后再比对，再往回复制。

《子海》有 167 个学者来做整理，专门有人一页一页地看，把它按照原来的页码编起来，还要在前面写一个学术性的介绍，这样再交给出版社。

"全球汉籍合璧工程"把海外咱们缺藏的书找回来，把中华古籍进行合璧，把咱们的古籍存藏系统完善起来。现在出成果了，整理成大家能读的了，然后在这个基础上做研究，能给咱们学校培养出 5 到 10 支文史哲学术研究团队。在研究的过程中，3 年、5 年、10 年，把咱们的人带到国际上去，在国际汉学研究中咱们能够走在前列，达到国际一流水平。

【字幕】

"全球汉籍合璧工程"已影印出版 900 多种古书，与境外 30 余家藏书机构签订了汉籍用书合同，与耶鲁大学、剑桥大学等 9 所国际顶尖大学组建汉学联盟，进行国际性汉学研究，为弘扬中华优秀传统文化作出贡献。

视频刊播于 2018 年 11 月 7 日

秋，在我最美的校园

清秋千里　最美等你

听　风儿迷离
醉　梦已微醺

碧霄诗情　胜却春朝
橙黄橘绿　一年好景

赶路的秋色
树影池边　云波徘徊
赶课的学生
梧叶秋声　芳草连天

春华又秋实
浸染的层林　万山红遍
给生命以色彩　给色彩以生命

彩墨的青春　年华雕琢
须臾而不朽
给最美以岁月　给岁月以最美

树叶沙沙作响　生出鸟的翅膀
在早晨　明亮地站起
向天空　投掷我们的太阳

视频刊播于 2018 年 11 月 25 日

视频文稿略

小小英雄

愿为世界　只为有爱

轻轻脚步　也跨过山和大海
涓涓浪花　能托举爱的方舟
小小火焰　我愿做盖世英雄
你好，青春
我是志愿者

远处的饥荒　无情的战火依然存在
蒲公英飘散　播撒温暖的种子
久违的泪水　滋润了笑容
滋养沙漠和冷漠
别哭，孩子
我是志愿者

忙碌的世界　孤独的心灵转个不停
红斗篷穿梭　抖落沉寂的阴霾
摊开的掌心　捂暖了心田
焐热荒原与荒芜
你好吗？陌生人
我是志愿者

在寒风中与春天相遇
在大山里与希望相遇
在世界与中国的梦相遇
你好，志愿者
让我加入你

视频刊播于 2018 年 12 月 4 日

视频文稿略

仰望

大爱长兴　明德景行

夜深人静　你去看
天上多了两颗星

一颗　挥洒璀璨星芒
片片　如刀刃
切割开寂寂黑夜

一颗　涌动火红星核
殷殷　是红旗
在天外猎猎飞扬

沉思求索　你自观
心中升起两颗星
脉脉如目　炯炯似火

视频文稿

【解说词】

大学之大，因有大师，他们是学者，把科研精神融入生命，学术探索敢为人先，精益求精。

【字幕】

艾兴，江西省东乡县人，中共党员，中国工程院院士，著名教育家、机械工程专家，是我国切削加工研究领域开拓者之一。

【解说词】

他对山东大学机械工程学科发展作出了卓越贡献，对中国装备制造业、对经济社会发展产生了重要影响。

【字幕】

赵明义，河北省景县人，中共党员，中国科学社会主义与国际共产主义运动学科重要奠基人，马克思主义理论家、政治学家、社会主义学家、国际共运史学家。

【解说词】

他一生著作等身，学术成就斐然，是中国科学社会主义学科的知名先驱。

他们是老师，将教书育人视为职责使命，师德堪为楷模。他对学生严格要求，当荣誉到来时，他却甘当学生的铺路石。他爱生如子，坚守讲台 50 余年，直到生命的最后一刻才肯停歇。

他们是学科带头人，拥有高瞻远瞩的学术视野，引领学科蓬勃发展。他理念独到，抢占学科高地，在他的不懈努力下，才有了目前全国最大的切削加工团队，山东大学才有了“切削加工圣地”的美誉。他艰辛探索，人们把他在学科发展上的突出贡献总结为“五个一”：带出了一支过硬的学术队伍，办好了一个独具特色的专业，建设了一个国家重点研究基地，建设了一个国家重点学科，创办了一份全国中文核心期刊。

他们是优秀的共产党员。他的一生展现出一名共产党员忠诚为党、终身为国的革命精神，如同他所钟爱、毕生研究的刀具一样，有坚定执着的毅力、锲而不舍的决心、方方正正的原则，充满力量，催人奋进。

【同期声】艾兴 中国工程院院士 山东大学终身教授

制造业是一个国家的命脉支柱，特别是装备制造业。我们的任务就是担负起培养制造技术方面的人才，特别是先进制造技术方面的复合型的人才的使命，这个人出去，就会为各行各业的制造业服务。

【解说词】

他常说：“每一个党员都要做好自己的事情，我是研究科学社会主义的，我就搞这一个专业，那就好好研究、好好教学。”他学科社、信科社、干科社，用实际行动诠释在党言党、在党拥党、在党为党，彰显了一名老共产党员的担当。

他们用一生彰显了共产党人的崇高政治品质和精神境界，诠释了爱国报国、艰苦奋斗的时代精神，是爱岗敬业、甘为人梯的榜样，是淡泊名利、艰苦朴素的榜样。他们的一生是光辉的一生，是为党的教育事业勤奋工作的一生，是献身科学、追求真理的一生，是为山东大学发展无私奉献的一生。

大师远行，大爱长兴；明德景行，蹈仁履义。

【字幕】

艾兴同志、赵明义同志是山东大学优秀教师群体的杰出代表。2018 年 12 月，中共山东大学委员会发布通知，号召全校师生、医务员工向艾兴同志和赵明义同志学习。

视频刊播于 2018 年 12 月 25 日

长路迢遥吞吐丝

史海钩沉　求真明智

从青葱出发　走了太远
远到青葱岁月都被写入历史
仍未忘记为什么出发——
史海钩沉　求真明智

讲台　田野　史籍
踱步　奔走　穿行
心未改　劲愈足
历史自有其睿智与温情
恰如品格自有豁达和敦厚
他走在路上
步伐　趟过那段历史
姿态　激励我们前行

视频文稿

【同期声】路遥 山东大学历史文化学院教授

这照片，是我结婚的时候的照片，1948 年。

我今年 92 岁了，我是福州人，1947 年考进山东大学，被录取了我很高兴。解放之后，山东大学成立了一个历史系，我就从中文系转到历史系，我是第一届学生。我留下来，就来接华岗的这个研究的任务，因为我研究的领域最主要两个领域，一个是义和团运动史，第二个是明清以来的民间宗教，都是通过田野调查搞起来的，不单纯是文献材料。把田野调查写成一本学术性的著作，从 20 多万字到接近 50 万字。五国语言在一起，你说这容易吗?

【现场同期】山东大学校长樊丽明看望路遥先生

路老师多保重啊，咱们不能节奏这么快。（去年还出两本书呢。）咱们得细水长流。

【同期声】路遥 山东大学历史文化学院教授

山大现在发展也很快，把儒学也搞起来了，这是很重要的，这和习近平总书记掌握这个方向很有关系。恢复历史的真实，中国文化优良的传统在什么地方，又把它恢复了，这太重要了。中国传统史学几千年的文明历史材料都保存下来，哪一个国家能保存呢？看汉字这个结构这么复杂，没有高度文化是创造不了这样的文字的。中国语言千变万化磅礴精深，到现在来说唐诗宋词，我还经常拿出来背诵的，背诵当中来陶冶我的性情，这是一个精神食粮，这些是我的兴趣所在、寄托所在。

【现场同期】路遥先生整理家中照片

这就是我夫人的照片，真漂亮，当时在校照相馆摆了一年才拿回来，照相馆不让拿走。

【同期声】路遥 山东大学历史文化学院教授

到现在我整天在家里，日夜还在搞研究，我认为干了一件很有价值的事。资料还是长期的，一百年、二百年都得参考的，我自己也愿意做，也希望终身来完成这件事。

【字幕】

路遥，山东大学历史学科义和团史研究最重要的学术奠基人。数十年从事艰辛的田野调查和拓荒性研究，以独特的研究方法和重大的学术成就蜚声海内外学界。路遥先生视学术如生命，老而弥坚，笔耕不辍，屡创学术新功。

视频刊播于 2019 年 1 月 10 日

硕果

教研相长　材高知深

让知识，
与知识跨界牵手，
与能力渐次推进，
与实践盘旋交织，
与创新相互启迪。
认真备好每堂课，做知识的传播者。
这是教学相长、培育人才的过程。

让教学，
发生在安静的教室里，
转化在轰鸣的厂房内，
应用在广袤的祖国大地上。
以理论做基石，造就满分的行动力。
这是掌握知识、实现价值的途径。

金属陶瓷是提高材料性能的法宝，
铝基复合材料是嫦娥奔月的灵药，
精密仪器内，暗月足迹中，
旧公理在应用，新现象在发生。

这是创新知识、创造奇迹的地方。

敲黑板，划重点——

我们的目标，培养新时代的大国工匠！

视频文稿

【同期声】孙康宁 山东大学材料科学与工程学院教授

我做老师从1979年到现在，刚好是40年。其实我一开始并不觉得自己适合做老师，我说起话来特别快，别人听不清楚，但是做老师的过程中间发现还是非常有兴趣的。备好一堂课，好多同学认真地听你的课，他很享受，甚至给你鼓鼓掌，你的心情好几天是很高兴的。当然，做教师你不能只做教师，还必须要做科研，要提高自己，提升自己的能力，这是非常重要的。

为了搞科研，我们成立了工程陶瓷重点实验室，开始是做陶瓷的模具。我们拉了一个带螺纹的金属丝，需要用这个丝直接来做螺旋钉，因为这个钉子过去是搓制的，而我们现在希望直接把它拉制出来。拉的过程中间发现这个模具它受力（要求）非常苛刻，传统的材料解决不了问题，我们就研究设计这种新的材料，也就是金属陶瓷这种材料。3年的时间，数百次的实验，最后把它做成了，这个成果获得了国家级的发明三等奖。

在这个基础上，我们又开展了很多科研的工作，2001年我们有一个项目叫金属键化合物和陶瓷基复合材料，获得了国家技术发明二等奖。

【字幕】

金属工艺学是面向工科各专业、与产品制造密切相关的工科大平台课，内容涉及从材料选择到产品制造中的各种工艺方法以及工程实践环节。

【同期声】孙康宁 山东大学材料科学与工程学院教授

做这些工作，成果一定要落地，你不能写几篇文章、申请几个专利就过去了。你要让它能用，你要去实践。我们一个校友回来，他是 1979 级的，28 岁就是教授，40 多岁就是院士，他说我们在学校里很受益的一门课就是金属工艺学，不仅学了制造类的知识，很重要的就是实践能力、动手能力得到了非常大的加强。

我对每一个同学，本科生、研究生，包括博士生都一样，都希望他们热爱自己的专业，能培养自己的兴趣，干好自己的事业，要有坚韧不拔的精神。

2015 年我有一个机会，作为国家“万人计划”教学名师，出席了反法西斯战争胜利七十周年的大阅兵，作为全国“万人计划”里头四十几名代表之一，我非常受感动。受阅的部队走过天安门广场的时候，大家齐唱国歌，对我心灵的震撼是非常大的，感觉到我们国家越来越强盛。

在科学技术日益发展的今天，各种先进材料层出不穷、百花齐放。先进材料的出现也促进了先进制造技术的进步，而这一切都与材料科学与工程这一学科密切相关。所以我想作为一个教师也好，作为一个科研人员也好，做好自己的本职工作，本身就是对国家很重要的贡献，这是自己应该尽到的职责。

视频刊播于 2019 年 1 月 17 日

向春天

心之所向　脚踏实地

喜欢用温暖描绘岁月
在日夜的守护里
自己点燃成那一道炽热的火焰

喜欢用酸甜刻画时光
在平淡的执着里
自己变成了那一味醇厚的滋养

喜欢以理想镌写年华
在拼搏的汗水中
自己折射了那一座瑰丽的彩虹

每一天奋斗的身影，就是我们一生的模样

春天总在冬天开始
路会在脚印儿里延伸
每一步踏实前行，踩出了世上本没有的路

伟大会从平凡中走来
梦想会在飞翔中到达
每个人的心之所往，终将汇聚为大江大河的方向

视频文稿

【字幕】

2018年，我们用怎样的词语尘封岁月？

【同期声】傅相蕾　山东大学药学院2015级学生

每天早晨7点之前起床，能够保证至少一个小时的（图书馆）学习时间，大部分的时间都是在实验室度过的。

【同期声】张蕾　山东大学第二医院产科主治医师

我们山大二院产科去年一共（帮助）分娩了6600多个孩子，平均每天大约要分娩将近20个孩子，最忙的时候每天大约要出生将近30个宝宝。

【同期声】张建镇　山东大学餐饮部厨师

我们一年服务山大师生6万多人，一年需要做10万多道菜。

【同期声】张伟　山东大学生命科学学院教授

我们团队利用这个温室主要是从事玉米（生长周期）的研究工作，每天我和我的团队不定期地要过去（察看），（每天）总的时间至少要3～4个小时。

【字幕】

守护，拼博。坚守，专注。

新的起点，你是否对未来许下期许？

【同期声】傅相蕾 山东大学药学院2015级学生

希望通过我们这一代医药人的努力，让更多来自中国创造的原研药能够安全、有效，百姓可及。

【同期声】张建镇 山东大学餐饮部厨师

我们山大食堂在保证菜品多样化的同时，最重要的是让山大师生吃得安心、吃得健康。

【同期声】张伟 山东大学生命科学学院教授

这些玉米是我们的心血，也是我们做科研的目的所在。希望在新的一年里我们的科研工作能够越来越顺利，对于人类的粮食安全能有一个大的突破。

【同期声】张蕾 山东大学第二医院产科主治医师

平时的工作确实很忙很累，但是每当看到妈妈平安分娩，看到宝宝可爱的笑脸，我觉得一切都很值得。

【字幕】

心之所向，脚踏实地。

致敬每一位前行的山大人。

视频刊播于2019年2月3日

最美夕阳红

一聚青春　一曲陶然

笑是淡如云烟，眼纹是岁月雾霭。
唱与时光微醺，且听清吟胜管弦。
莫道桑榆晴晚，共君一曲一陶然。

夕阳走过多远的路？不知道——
只见她与时间一同行走，
颤抖的步履，丈量过银河栈道。
将慈祥守着温馨。

夕阳经受了几道坎？不知道——
只听她爬滚过地平线、磨砺过山岗，
弯曲的脊梁，承载了长年累月。
将淡泊换了从容。

夕阳看透多少世事？不知道——
只道她经事还谙事，阅人如阅川，
鬓雪的发梢，闪映了漫天星斗。
将余晖献给繁华。

青春流过谁人梦，夕阳红了谁人眼。

视频文稿

【字幕】

山大大学夕阳红艺术团成立于1995年，团员平均年龄超过70岁。

【同期声】崔纪新 山东大学夕阳红艺术团团员

大家是为兴趣而来，为爱好而来，所以说是大家共同的爱好让大家走到一起的，既不为名，也不为利。

【字幕】

20多年来，先后有200多位教职工加入到这个团体。

【同期声】刘长生 山东大学夕阳红艺术团团员

太好了，我感到（山大）夕阳红就是我的家，每个星期我都来，我感到在这里找到了人生的乐趣。

【字幕】

老教师们相聚一起，不仅在排练过程中互相学习，共同探讨，还在学习新知识、新事物时互相启发、共同提高。

【同期声】崔俊平 山东大学夕阳红艺术团团员

主要这个集体好，我们能融在这个集体里特别开心。这个艺术团这些年来，确实是咱们山东大学一道很好的风景线，参加了全国的、省里的一些比赛。每年的寒暑假之前，我们团里都会组织内部联欢，每个人都可以在这里展示一下自己这半年的成绩。

只有你自己快乐，你才能让别人快乐，只有让自己快乐了，你才能使得你的家庭快乐，只有我们每一个人都快乐，才能使得我们国家快乐。

视频刊播于2019年2月12日

瑞雪告白

雪漫无声　告白山大

我借这场大雪
向我的大学告白——
你们不仅押着一样的声韵，
还葆有同样
高洁的理想、高贵的品格。

视频刊播于 2019 年 2 月 14 日

视频文稿略

敢为人先

经世致用　大有可为

机遇的劲风，吹向希望的田野
当人们倾尽有限气力去博无限可能
他敏锐洞察——
选择的重要性，有时大过努力

隧道的微光，闪烁在长路尽头
当人们遭遇市场暴跌导致财富缩水
他理性献策——
积极应对困境，未来前景光明

世界的变幻，带来剧烈的搅动
当人们时常被焦虑不安的心态吞噬
他慧眼如炬——
读无用之书，做有用之人

视频刊播于 2019 年 2 月 21 日

视频文稿略

岛上的成人礼

同学少年　高歌同行

日出的方向有一座小岛
那是在记忆中的坐标
鹿群结队鸟语花香的海上桃源
有传说世代流传

海浪不断拍打那座小岛
那是历史不绝的长叹
亚洲第一世界第四的大国水师
战火中片甲无回

小岛与陆地　被轮船连为一体
自得自喜　零落成泥
枪与炮　催促着浴火重生的中国
完成它的成人礼
从东亚雄狮万邦来朝的梦中惊醒
开眼看世界　更看吾国与吾民

今天我们登上这座小岛
生逢盛世　抚今追昔

握右拳　朝气蓬勃的新青年
郑重参加成人礼
在时代潮头风云际会中保持警醒
爬最高的山　走难走的路
结伴放歌　旗帜高扬

视频文稿

【现场同期】山东大学（威海）学生在刘公岛爱国主义教育基地宣誓

铭记甲午国耻，秉持先烈遗志，担负历史使命……

【现场同期】在中国甲午战争博物馆解说

甲午海战对我们的影响非常大，加深了我们国家半殖民地半封建化社会的程度，在这之后，掀起了列强瓜分我们中国的狂潮。

【同期声】郝书翠　山东大学（威海）马克思主义学院党委书记

山东大学威海校区的思政课改革由来已久，每一门思政课都安排学生的登台演讲环节，这个课堂实践最精彩的这一部分怎么呈现？我们就组织了大学生思想政治风采大赛。

【现场同期】赵婉莹　山东大学（威海）机电与信息工程学院2016级学生

我们在舞台上的展现就是把这种理论去实践出来，是一个更内化的过程。

【同期声】郝书翠　山东大学（威海）马克思主义学院党委书记

党的十八大以来，总书记、党中央特别强调中华优秀传统文化的传播，我们把同学们对中华经典的诵读和思想政治教育紧密地结合起来。

【现场同期】林子琛 山东大学（威海）机电与信息工程学院 2016 级学生

让我们学生更多地了解了中国传统文化，也让我们提升了更多的文化自信。

【同期声】郝书翠 山东大学（威海）马克思主义学院党委书记

正能量歌曲演唱大赛对于浓郁学校的思政教育氛围起到一个极好的作用，有些同学对我们讲，我们的班风、班级凝聚力都增强了。

【现场同期】韩枫 山东大学（威海）商学院 2016 级学生

对我们学习这样一种精神、这样一种品质也是非常有意义的。

【现场同期】刘姝杉 山东大学（威海）法学院 2016 级学生

我觉得这是一种“学传帮带”的精神，它带给我们的感动一直在那儿。

【同期声】郝书翠 山东大学（威海）马克思主义学院党委书记

最让我感动的一点，就是所有的老师都具有奉献精神，确实是在不断地践行着“四有好老师”的这种要求的。这是我们应该承担的责任和使命，如果说大家都不去组织这样的活动的话，我们同学们怎么能有这样一个集体受教育的方式呢？

【现场同期】山东大学（威海）学生思政教育课

少年有梦则祖国有梦，少年努力则国家富强，少年拼搏则民族复兴。

【字幕】

山东大学（威海）马克思主义学院积极探索思想政治理论课程教学改革的有效途径，建立校外思政教育实践基地 23 个，连续 9 年组织新生赴刘公岛进行爱国主义实践活动，同时举办中华经典诵读大赛、政治风采大赛、歌咏大赛，累计参与学生达 12 万人次。

视频刊播于 2019 年 3 月 9 日

“搅局者”陈梦竹

梦当为马　竹亦得风

花儿开得好快
才几天
绿色满了校园
快呀，像红杏枝头的春意闹
快呦，像猿啼重山的江舟轻
快啊，像长风得意的马蹄疾
这是三月的阳春

时光过得好快
三四年
我是学生规规矩矩
我要创业风生水起
我去跋涉不惧路远
我把收获献给山大
快快，站上跑道就迈开步伐
快快，胸怀梦想就大胆追逐
快快，心中有爱就尽情释放
这是飞扬的青春

视频刊播于 2019 年 3 月 15 日

视频文稿略

绿色焊接

焊天接地　震古烁今

火树闪耀，不是浪漫神话
看，有“蛟龙”入海流
银花绽放，不是绝美传说
看，是“嫦娥”飞天起

电光迸溅，接天又连地
火石翻飞，科技与工艺
它成全了古老的心愿

手机联动，无处不在
有它牵引，引通天涯海角间的星桥
高铁奔驰，山舞银蛇
有它支撑，架设天梯石栈中的铁索

无染纤尘，绿色的制造
大国重器，梦想的驱动
它引领着无限的未来

学术探索，创新前沿
这是他给焊与接的注脚
孜孜求知，上下躬行
这是他对熔与锻的理解

视频文稿

从几十万吨的航母，到手机里不足1克的微电子元件，其制造过程都离不开焊接技术。当前，焊接正在从携带耀眼弧光和迸溅火花的熔焊技术，拓展为没有光和烟尘的绿色制造工艺。

焊接技术，引领未来。

【同期声】武传松 山东大学材料科学与工程学院教授

我在山东大学材料科学与工程学院焊接研究所工作，从事焊接领域的学习研究已经有41个年头了。

2016年，我们团队研制成功的超声振动辅助搅拌摩擦焊接新工艺、新设备，从众多新技术当中脱颖而出，获得了英国材料学会颁发的世界焊接新工艺、新技术原创成果大奖，该项奖励每年在全球范围内只评选颁奖一项。

以往研究者们通过采用激光电弧等热源来辅助搅拌摩擦焊接的方式，冲淡了这种固相焊接技术的优势。而超生振动作为辅助能场作用在金属工件上，不仅可以达到同样的效果，而且不会出现光和废气污染，保持了该项技术的绿色环保特性。

整个研制过程当中，在超声头和搅拌头之间找到合适的角度和距离是至关重要的环节，经过一年多时间几百次的反复实验，我们终于在没有参考数据的情况下，攻克了这个原创性的关键性难题。

作为工科老师，从事科研工作时有了新的想法，就要立即研制出相应的实验装置，对这一想法进行实验验证，并且要从理论上揭示其工艺机制，将成果应用到相关的企业，使得科研成果在企业落地。

超声振动强化搅拌摩擦焊，一经问世便得到了业内的广泛关注。中车青岛四方的工厂正在进行该项技术的储备的预先实验，为“国之重器”中国高铁服务社会，推动国家“一带一路”建设贡献力量。我们团队也十分注重科技成果的应用和转化，为中车青岛四方机车股份有限公司研制出了动车组总装铜管钨极氩弧自动焊机。该设备在公司应用后不仅减轻了工人的劳动强度，提高了劳动效率，而且还大幅度地节省了成本。

这些年，先后有美、德、日等10个国家近50位专家学者与我们团队进行了科研合作和学术交流。通过“请进来、走出去”的系列活动加强了实质性的学术交流，扩大了教师和研究生的视野，提高了团队的科研水平。

未来，我会进一步发挥学科带头人的作用，将团队内青年教师培养成在国内外有一定影响力的学术精英。焊接科技的探索永无止境，我将一如既往地在这条道路上走下去，就像焊接热源那样，为山东大学材料学科的进一步飞跃燃烧自己的能量，为学校“双一流”建设奉献自己全部的光和热。

视频刊播于2019年3月23日

桃李务青春

青春无悔　致敬芳华

以蹒跚，致远方
时光不尽，赶路人

以午夜，致清晨
星光不负，有志者

以眷恋，致他乡
彩虹不忘，追梦人

以汗水，致芳华
理想不舍，奋斗者

溯洄从之，道阻且长
这是生命告诉我们
去书写一个绝地反击的故事

长路漫漫，其修远兮
这是梦想考验我们
去挑战一场披荆斩棘的历程

榜样出自平凡，平凡自有力量
这是我们许诺自己
交出一份青春无悔的答卷

视频文稿

【字幕】

王康玮，山东大学自强之星。因意外丧失语言、行动能力，经过两年康复训练，他重回课堂，现已完成大学三年全部课程。

【解说词】

青春，每一天都是一张崭新的答卷。每一次坚持，每一步蹒跚，都是为了走得更远。

【字幕】

王芝，山东大学学术之星。2017 年开始以第一作者身份发表 5 篇 SCI 论文，首次人工合成高核纳米银簇七重对称性分子。

【解说词】

离开实验室，她早已习惯与午夜的钟声为伴。

【字幕】

Dr. Syed Mohsin Ali，山东大学优秀来华留学生。留学山大期间，考取两个硕士学位，一个博士学位。

【解说词】

学在中国，从陌生到挚爱，他与中国文化结下不解情缘。

【字幕】

山东大学硕博服务团，国家级社会实践获奖队伍。“服务山东 山大方案”暑期实践项目被评为 2018 年全国大中专学生志愿服务者“最具影响好项目”。

【解说词】

他们把汗水浸透到每一个字，只为青春没有遗憾。

他们来自不同的地方，却有一个共同的梦想，让自己的人生不一样。每一次站起，每一次体验，每一次尝试，每一次走访，他们是普通的山大学子，用拼搏导演人生，写下属于自己的绚丽华章。

2 年，730 天，每天 400 次康复训练，他只为重新走进课堂。从医学定义的“植物人”到笑着开启新的生活，他漠视坎坷，一路高歌。

【同期声】王康玮 山东大学自强之星

从生病以来，我接受了来自学校与社会的太多帮助，在往后的生命里，我一定要自立自强，不辜负老师与家人的期望，绝不能给山大人丢脸，我一定要用自己的努力为社会做贡献，为祖国的建设添砖加瓦。

【解说词】

从配体和金属的单一混乱到结构的复杂有序，她经历了 2 万次失败，用最后的毅力坚持去创造未知的可能。当看到显微镜下的闪闪荧光，欣喜、欢呼，付出终结硕果。

【同期声】王芝 山东大学学术之星

科研道路上最大的参照系是自己，需要我们仰望星空有理想，更需要我们脚踏实地有作为。积跬步至千里，聚小流成江河，我相信每一份坚持的付出终将会有丰硕的回报。在山东大学像我这样的学生还有很多，我们都是快乐的追梦人。在接下来的日子里，让我们一起向梦想出发，向未知挑战。

【解说词】

留学山大 12 年，从本科到博士，他 3 次拿到全额中国政府奖学金。

对山大的眷恋，对中国文化的挚爱，让他愿意做中国文化走向世界的桥梁。

【同期声】Dr. Syed Mohsin Ali 山东大学优秀来华留学生

在山大学习的这些年是我生命的最宝贵的回忆，我感受到了中国文化的博大精深。以后的日子里，我很愿意做传播中国文化的使者，让更多的外国人去了解中国。

【解说词】

70 人，2 个月，走访超过 100 家企事业单位，7 份调研报告，12 万字，他们为乡村振兴“齐鲁样板”提供行之有效的山大方案，为山东新旧动能转换贡献不可或缺的山大力量。

【同期声】山东大学硕博服务团成员

硕博服务团让我们山东大学的硕士生、博士生同学走出校园，走进地方，将我们的专业知识与地方发展相融合，我们与一线工作者共同探索和努力，为服务山东发展贡献山大学子的青春力量。

【字幕】

2019 年 3 月 29 日，山东大学举行 2018 年“榜样的力量”优秀学生颁奖典礼。

【解说词】

青春无悔，致敬芳华。他们有平凡的经历，却有伟大的坚持；他们选择耕耘，向自己发出挑战；他们选择前行，把未来握在手中。激流勇进，当仁不让，用执着、坚韧、奋斗，在青春的答卷上写下“榜样”。

视频刊播于 2019 年 3 月 30 日

了不起的 4.5V

潜心守志　持之以恒

在我们已知的世界里，
能量，是足以与时间媲美的事物。
它们是握不住的永恒，
无所不在，无时不有，
无法被创造，也不能被消灭

能量，是比时间还奇妙的事物。
时间一去不返，它却能循环累积。
它变化，从一种形态，进入另一种形态。
它不变，能量守恒，是万物永恒的定律

地球储存能量，
于是夜晚不致严寒；
石油储存能量，
于是文明拥抱现代；
电池储存能量，
于是有了当下多姿多彩的生活

身体的能量在肌肉里储存，
是力量，全速奔跑。
大脑的能量在尝试中累积，
是智慧，把握方向。
心中的能量在行动中释放，
是勇气，迎接挑战

视频刊播于 2019 年 4 月 18 日

视频文稿略

2021
2
文史哲
LITERATURE, HISTORY, AND PHILOSOPHY

《文史哲》

追随《文史哲》

浩浩汤汤　洋洋洒洒

一条长河，不舍昼夜，
奔涌五千年。

静默是它。
不假思索地将既往囫囵吞下，
铺成细软平沙，
待诡谲散尽，浪淘金沙。

澎湃是它。
黄河恒河尼罗河幼发拉底河，
人类记忆起源，
融入血液，潮汐变脉搏。

睿智是它。
当时只道惊涛拍岸巨浪滔天，
实则伏脉千里，
所谓偶然，都与必然合辙。
当仁不让立潮头，是它。
执一杆如椽巨笔，饱蘸长河水。

望四海、论古今，大笔挥毫——
为当今所用，为后世续航。

浩浩汤汤，是历史的脚步；
洋洋洒洒，它用笔墨回答。

视频文稿

【同期声】王学典 山东大学讲席教授 《文史哲》杂志主编

我 1979 年入读山东大学历史系，毕业之后接着读历史系研究生，而且是国内首批史学理论专业的研究生，长期从事史学理论和史学史教学和研究。从 1979 年入读山东大学历史系到现在，已经在山东大学这个校园里度过了整整 40 年时光。

我 1974 年高中毕业，那一年 18 岁，恰好在当时报刊征订目录当中看到了《文史哲》复刊的消息，欣喜若狂，就订阅了《文史哲》杂志，我就成了一个《文史哲》的订阅者。到 1988 年，我的第一篇文章在《文史哲》杂志上发表，我就成为《文史哲》的作者。2006 年，我又从文史哲研究院院长的位置上调到《文史哲》编辑部做主编，这样我就完整经历了从《文史哲》的订阅者、读者，到《文史哲》的作者，然后到《文史哲》的编者这样一个过程。

做主编之后，我就对《文史哲》杂志的发稿方向做了一个稍微大一点的调整，换句话说，就是把《文史哲》杂志变成一个比较纯粹的人文杂志，而且侧重于中国古典学术。那么经过编辑部上下一段时间的努力，《文史哲》杂志逐渐显露了它新的面貌。

党的十八大之后，国家和政府的文化方针发生了比较大的调整，要促使中国文化走出去。《文史哲》杂志为了响应党和国家的号召，我们也筹办了自己的英文版。《文史哲》的主要发稿范围是中国古典学术，把中国古典的东西翻译成现代汉语，这本身就需要巨大的努力，何况要把中国古典学术直接翻译到海外，用英文表达出来，这个困难可想而知。比如说宋明理学，宋明理学（用英文）怎么表达？不好表达。我们组织了一支由国外到中国来学习中国古典学术的欧美的这些青年来做这项工作，在英文版创办的基础之上，整个《文史哲》编辑部已经在国际化的轨道上运行。

经过一段时间的努力，2017 年春天，李克强总理来山东大学视察时，专门到《文史哲》编辑部进行考察，听到我们的汇报后说："你们要继续传承优秀的人文精神，为当今所用，为后世续航。"

除了主编之外，我还肩负着另一项任务，就是山东大学儒学高等研究院的日常管理工作。儒学高等研究院这几年参与创办了一系列国际学术活动，其中一项特别重要的就是尼山世界文明论坛，另外还有世界儒学大会、国际历史科学大会。在这些活动当中，《文史哲》都以一个积极的力量参与到这些活动当中，而这些活动本身也把《文史哲》杂志在国际上的地位进一步做了提升。

我希望《文史哲》杂志能够不光自己植根于中华文化的沃土之上，我希望它能影响更多的青年人，使青年人担负起向整个世界传播优秀传统文化这样一个责任，从而让中华文化再一次在世界舞台上绽放出更加灿烂的光辉。

【字幕】

创刊于 1951 年 5 月 1 日的《文史哲》杂志，是一份在海内外人文学界享有巨大声望的老牌学术期刊，素有"学报之王"之美誉，一直被知识界视作学术风向标之一。凭借其稳定的学术质量和国际影响力，《文史哲》位居中文期刊（哲学社会科学类）海外发行量前四名，位列"最受海外机构用户青睐的中国期刊"发行排行第 48 名。2014 年，《文史哲》编辑部又与荷兰博瑞（Brill）学术出版社合作，编辑出版了《文史哲》英文版（*Journal of Chinese Humanities*）。

视频刊播于 2019 年 5 月 16 日

巧妈妈“中国范儿”

挥洒活力　青春节拍

在人的一生中，十年无比珍贵。
经过一两个充满诱惑的岔路口，
遭遇三五个看似难以逾越的阻碍。
十年长路，用热忱铺就，
沉淀为七八个终生难忘的动人瞬间，
上百次欢呼，千万个掌声。

在任何事业中，十年足以令人尊敬。
更何况身居少有人关注的幕后，
教永远青春的学生跳最青春的节拍。
十年光阴，以真心相伴，
收获了一个光彩夺目的金牌团队，
声声“巧妈妈”，一颗不老心。

十年足以证明，
她找到了热爱的事业，
这项事业遇见了对的人。

视频文稿

【同期声】刘巧侠 山东大学艺术团“中国范儿”啦啦队指导老师

从建队到现在已经有10年了，只要走进啦啦队，全部都是普通的学生。他们来自于很多学院，像文学院、外语学院、数学院、软件学院、机械工程学院，经过我们相对规范化、专业化的训练，实现了从体育到艺术两方面的提高。

最初建队，我们是从8个队员开始的，只有一位以前练过健美操，其他的队员全部都是零基础。我们从把杆、压腿开始，一点一点地去进行训练。对于她们来讲，我觉得进入到大学以后，零基础进入竞技体育范畴的训练的时候，她们最难的应该是柔韧性训练。十八九岁的孩子再让她去压腿，甚至要求她做到纵叉能下去的话，这是孩子们感觉最痛苦的。因为很多的动作是地面动作，有的时候我会提醒她们去自己买一些护膝保护，但是有的时候不可能那么完善，所以在训练当中大家练起来的时候可能就忘了。这个过程当中，也是培养了孩子坚韧不拔、吃苦的精神。

【字幕】

2019年5月11日，山东大学艺术团啦啦操队举行10周年纪念活动。

【同期声】刘巧侠 山东大学艺术团“中国范儿”啦啦队指导老师

这个平台赋予孩子这种美的教育，达到身心健康发展，这种收获我觉得是印象最深，也是最满足的地方。每当看到孩子们在舞台上，哇，她们一上去我都觉得好像不认识她们一样，那种精彩真的是会让人瞬间流泪，有的时候回味起来就觉得不管付出多少还是值得。

【同期声】啦啦队队员

很荣幸能够在啦啦队留下美好的回忆。

【同期声】啦啦队队员

苦口婆心地教导我们。

【同期声】啦啦队队员

希望啦啦队不断壮大。

【同期声】啦啦队队员

永远爱啦啦队，爱巧妈妈。

【同期声】刘巧侠　山东大学艺术团中国范儿啦啦队指导老师

我相信孩子们在啦啦队里面的这段经历、这段成长，会让他们战胜和克服很多困难，迎接他们自己每一个人的胜利。

【字幕】

山东大学“中国范儿”啦啦操队在 2009 年、2010 年、2011 年连续三年获得山东省健康活力大赛冠军，2013 年获全国啦啦操联赛北京站冠军，2013 年获 23 届大学生运动会团体总成绩冠军，2016 年获亚洲大众体操节全国健身操舞总决赛两项特等奖，2018 年获山东省学生运动会大学生组啦啦操比赛团体总成绩第一名。

视频刊播于 2019 年 5 月 27 日

十年磨一剑

改变世界　行者常至

十年是夏天抵达十次。
一批批学生，一次次实验，
从买材料到造材料。
接力推动技术突破一点。

十年是历史长河的一霎。
满分执行、一缕执念，
白发和皱纹作证。
把事做到底成就不平凡。

一生也是匆匆长河一瞬，
光景飞逝几十个夏天。
别安于现状，
去推，去摇撼，去实现。

淌在血液里的不满，
刻在基因里的不甘。
执此剑戟，人类战胜自然赋予的缺陷，
并且改变世界，走到今天。

我们都有改变世界的能力，因为
世界的改变不是少数人做了很多，
而是每个人都做了一点点。

视频文稿

我的一位老师曾经说过，搞新材料，你这一辈子就专注于这一件事情。当你退休的时候，你可以自豪地说，我就解决了这一小点问题，那就可以了。

【同期声】毕见强 山东大学材料科学与工程学院教授

我来自于山东大学材料学院无机非金属材料研究所，我们山东大学材料学院无机非金属研究所的特色就是工程陶瓷，我们也称它为先进陶瓷或者是高技术陶瓷，深海、航空航天、军工，综合环境比较复杂的情况下进行应用。在实际生产中，我们怎么来保证它的强度、硬度，怎么来改善它的韧性，是我们现在研究的重点。

10 年来，我主要是从事一维、二维氮化硼纳米材料研究。氮化硼这种材料，如果做成管状的话，它的性能应该是很好的，因为氮化硼本身的力学性能很好，它的介电性能在陶瓷当中也属于比较好的，作为增强体是比较适合的。

在前期的应用中，为什么氮化硼纳米材料在实际生产中应用比较少呢？第一它的制备的工艺比较繁琐，第二就是它成本比较高，它的价格比黄金还要贵。

我们最初的目的不是想生产这种氮化硼纳米管、氮化硼纳米片，我们只想使用它。但是经过我们课题组老师联系（生产厂家），人家明确表示不保证你的含量、不保证你的纯度，说明它可能是颗粒，也可能是管，甚至可能还不是氮化硼，是别的物质。那么，对我们这个实验来说，它是没有用处的。

2010年左右开始做氮化硼纳米管，在制备的初期，实际上也没有考虑到这个材料这么复杂，我们也是经过了上百次的实验。一开始的时候不管是反应物的种类、反应的时间、反应的温度，都是存在一系列问题，这些工艺参数我们都没有，都得一点点的摸索。后来我们考虑到不管采用哪种原料进行反应，它在反应釜内都有一定压力，研究发现这个压力对于生长的机制影响是很大的，怎么选择原料，怎么控制它的反应过程，这是获得我们所需要的氮化硼纳米管、氮化硼纳米片的主要因素。我们现在研究氮化硼纳米管、氮化硼纳米片，应该是国内高校和研究院所中最好的之一。材料光通过买，平常是可以解决问题的，但真正到了关键时候，第一你解决不了问题，第二你永远是跟在别人后边的。只要你坚持不懈，任何一个方向都会出成绩。

目前我们国家是材料大国，许多先进的技术、核心技术还是掌握在外国人的手里。我希望能经过我们山大一代又一代材料人的共同努力，让中国真正成为材料的强国，新材料的领跑者。

【字幕】

世界的改变不是少数人做了很多，而是每个人都做了一点点。山东大学有许许多多人正为此努力着、奋斗着。

视频刊播于2019年6月3日

七月的歌

小小目标　大大舞台

我有一片草原
纵横驰骋的梦　至美

我有一座火山
喷薄汹涌的爱　炽热

不畏大雨滂沱
我伫山巅绝壁　振臂　高歌

不惧狂风怒号
我聚磅礴之力　迎风　奋起

每当夜幕降临
我集点滴暖意　炼为　启明

一个小目标
让世界因我更精彩

一个大舞台
在这个伟大新时代

视频刊播于 2019 年 7 月 1 日

视频文稿略

画历史的人

以史入画　以真入画

以史入画。
为国育贤匾下大师云集，
杨振声西装笔挺领结斯文，
冯沅君、陆侃如伉俪相依而立，
酒中八仙立桌前，手舞足蹈激辩。

超越语言的技艺，
心领神会，懂的人只需一瞥。

以真入画。
众声喧哗中，光怪陆离处，
用诚实的画笔激浊——
打破表象，消灭成见。
而后，见物，见事，见人，见己，
见朗朗乾坤，浩然正气。

鹰一般的觉察，
洞若观火，源自千锤百炼。

视频刊播于 2019 年 8 月 3 日

视频文稿略

我心飞翔

将要起航　心比路远

父爱如山，谁能称得山的分量
但你知道山有多高
站在山的脊背
伸手，刚好触到梦想的天空

以梦为马，谁又晓得马的脚力
但你知道追梦要走很远
如果双腿难以抵达
那就展开翅膀去飞翔

将要起航，心比路远
我们都是万水千山的孩子
霍金对人类说
仰望星空，不必纠结足底

宇宙无限，家是原点
我们都是星辰大海的主人
今天我要告诉你
来到山大，你就到家了

视频文稿

【同期声】张连川 山东大学物理学院 2019 级学生

我是山东青州人。今天我来山大报到，这是我第一次来到山东大学，在山大的校园里面到处都是郁郁葱葱的，富有生机。从今天开始，我就真正地要开启我的大学生活了。

我小时候和其他的小朋友没有什么区别，一样爱玩儿，一样爱闹。就在我 10 岁那年，在一次上楼的时候，我发现越来越吃力，到了暑假就不能自己站立行走，被诊断出患上了一种叫做肌肉营养不良的病症。听到这个消息的时候，我有些难过，但没有被疾病吓倒，而是很快走出了阴霾，变得更加乐观、更加平和。

填报高考志愿的时候，山东大学作为我唯一的填报对象。我觉得报这一个就够了，这一个就能承载梦想，让我继续学习。

【现场同期】山东大学工作人员把录取通知书送到张连川家中

我代表校领导、本科生院、招生办给你送通知书。这是前几天学校的几位老师专程为你挑选的，这几本书是关于哲学问题的，有关于人生的问题的，在假期你还有足够的时间来做准备。

【字幕】

为方便张连川的生活，学校为他改造了宿舍的橱柜和床位。

【同期声】葛鹏飞 山东大学物理学院辅导员

橱子是专门给你定做的，上面可以由同学帮你装一些不常用的东西。学院为你准备了山大的文化衫、文具、本子、信纸，还有笔。上面挂了很多的明信片，写着你的学长、学姐对你的祝福、鼓励、欢迎的话。

【同期声】张连川 山东大学物理学院 2019 级学生

现在我的梦想就是学好大学知识，做到学有所成，争取早日帮助家里减轻负担，报答默默支持我的父母。我更会向着成为对国家、对社会能做出贡献的人（这一目标）而努力，让那些关心我、帮助我的同学、老师，为我感到骄傲和欣慰。

【字幕】

山东大学致力于培养中国最优秀的本科生和富有创造力的研究生。2019 年，山东大学共有 18563 位新生入学。山东大学助力每一位新生起航、寻梦!

视频刊播于 2019 年 9 月 5 日

一生书缘

一事纸笔　一愿桃李

用一生，诠释一门学问的定义
然后自己，就化成了探索者的定义
笔端的高风，纸笺的亮节
这叫作学者

用一生，筑造一座真理的殿堂
然后自己，也变成了求知者的殿堂
桃李的沉默，先生的山水
这叫作师者

一生为一事而来
任它名，清风拂山岗
任它利，明月照大江

一生执一子之手
银杏生华发，青草湿鞋袜
负暄琐话，至味是清欢

一生把一件事做到极致的样子

是缘不尽，愿不了

是与它，再约定来生

视频文稿

我这一生当中就做了三件事，第一件事读书，第二件事教书，第三件事就是写书。

【同期声】高英茂 山东大学教授

我今年 81 岁，从 1966 年开始直到我退休，在教师工作岗位上一共工作了 43 年。我从小学一直到四年制研究生毕业，一共读了 21 年的书，党和国家付出了很大很大的财力和物力，所以我始终感谢党和政府对我的培养。

1966 年是我一生当中的一个里程碑，由刻苦学习的学生变成了一个大学的老师，那种高兴劲儿是难以形容的。从 1977 年开始，我跟着我导师张汇泉教授参加卫生部组织的《组织学与胚胎学》的编写，在上海开会，审稿 63 大，穿着棉衣裳去的，脱了棉衣裳回来的，这期间我学了很多东西。

我这一生写了 35 本书，有几本书都是与我老伴儿合作，我是喜欢用铅笔写，她就用钢笔给我抄出来，一大摞一大摞的。说实在话，我离不开她，少来夫妻老来伴，年龄越大越感受到这一点。

山大的一些荣誉称号、一些奖励，基本上我都占到了。最得意的荣誉就是“爱岗敬业模范人物”，因为这是对我的一个真实写照。如果人真的有来生的话，我希望来生我还要做大学老师，继续完成我今生没有完成的工作。

视频刊播于 2019 年 9 月 9 日

确山的呼唤

最美行者　走出希望

沾泥的裤脚，涉水的足印
慢慢西斜的乡林晚照
匆匆行走的田间步履
来不及问一声：这是去哪里？
只道那是最美的赶路人。

破土而出的春，硕果累累的秋
多嘴的喜鹊衔来故事
你嫁接的那片绿，已结出丰收的金黄
馋嘴的孩子都去了课堂
你牵挂的破茅屋，粉刷了新学期的容妆

谁的困苦，谁的心里酸楚
谁的冷暖，让谁风雨无阻
你愿在扶贫路上筚路蓝缕
换他们的康庄道路满是阳光

初心勾成线，使命着上彩
一缕一缕，勾勒脸庞的笑纹
一点一点，渲染红火的日子
忍不住问一声：画的是什么？
回答说：那是最美的希望。

视频文稿

消除贫困，改善民生，逐步实现共同富裕，是社会主义的本质要求，是中国共产党的重要使命。2019 年是新中国成立 70 周年，也是打赢脱贫攻坚战攻坚克难的关键一年。“为天下储人材，为国家图富强”，山大人奋战在脱贫攻坚的第一线。

【同期声】罗超 山东大学数学学院副处级干部 2017 年挂职担任河南省确山县副县长

2017 年 10 月，受学校委派，我来到河南省确山县参与山东大学定点扶贫确山县工作。确山县位于河南省南部，隶属驻马店市，地处淮河北岸，拥有丰富的自然资源和旅游资源。最初踏上这片红色土地的时候，新工作、新环境的未知和肩上沉甸甸的责任，让我既有点紧张，又充满了斗志。紧张是因为担心辜负了组织的信任和学校的重托，兴奋是因为脱贫攻坚的重大意义让我斗志昂扬。

来到确山县以后，我做的第一项工作就是深入走访调研，深入到每一个镇、村以及贫困户的家中，了解脱贫攻坚的实际情况。

【现场同期】罗超到贫困户家走访调研

——我跟张书记过来看看你，买点米、买点饮料。

——买啥买，来看看我就高兴，啥也不用买。

【同期声】罗超 山东大学数学学院副处级干部 2017年挂职担任河南省确山县副县长

现在因为有了国家脱贫攻坚的政策，贫困地区享受到了教育等各方面的扶持，很多过去因为缺劳力、缺技术、缺资金等原因导致贫困的家庭逐渐摆脱了困境，重新走上了正常的生活轨道。但是也有很多因为其他原因，比如说重病、残疾等等而导致贫困的家庭，这些家庭他们未来的希望在哪里？如果没有政府的帮助，他们如何摆脱贫困的现状？我告诉自己，一定要全身心地投入这项伟大的事业。

今年经过一系列的调研，围绕党中央战略部署及上级要求，围绕山东大学作为综合性大学的优势，围绕确山县脱贫攻坚实际，我们总结出了一系列的典型经验和创新做法，比如教育精准扶智，实施“三个一”教育扶贫项目；发挥智库作用，谋划助力脱贫攻坚。目前我们山东大学已经初步形成了以教育扶贫、卫生扶贫、智力扶贫为引领，以文化扶贫、消费扶贫为补充，以产业扶贫为新带动点的帮扶体系。

在教育扶贫方面，山东大学定点帮扶了老臧庄小学。在没有山大帮扶之前，老臧庄小学的学生不足100名，大量的学生、老臧庄社区的孩子们因为学校的教学条件不好，都转学到其他学校去了。经过山东大学这3年的重点帮扶，学校投资296万元，援建了一个三层楼的校舍，同时对师资培训进行了重点帮扶。经过山大不懈的努力，目前老臧庄小学的学生已经达到了300人，很多社区里的孩子又重新回到了老臧庄小学来上学，让老臧庄小学在老臧庄社区的居民心目当中又重新树立了它的形象。

我们不仅为确山县消除贫困，更为全国脱贫攻坚贡献确山经验。

多年以来，很多和我一样的山大人走出山大校门，踏入“为国家图富强”的工作一线。我们用实际行动坚守着国家和学校对我们的期待和盼望。不忘初心，牢记使命，共产党员的初心在这片红色热土上曾激励着革命先烈，为了新中国前仆后继。今天我和千千万万的山大人一起不忘初心，牢记使命，为新时代中华民族伟大复兴中国梦而不懈奋斗。

【字幕】

山东大学高度重视定点扶贫工作，自2018年以来，实现直接投入帮扶资金556.47万元，帮助引进帮扶资金200万元，直接购买农产品111万元，帮助销售农产品247万元，培训技术人员1810人，培训基层干部996人。

截止到2019年上半年，确山县累计退出贫困村73个，贫困人口减少至4339户、8045人，贫困发生率降至2.09%，贫困村面貌、贫困群众生产生活条件显著改善。

视频刊播于2019年9月19日

我的国　我的家

半生甘苦　一生家国

前半生的传奇，不可说的秘密
少年的国士，月涌大江的壮美豪迈
后半生的故事，不必说的苦难
流泪的勇者，星垂平野的丈夫胸怀
为国造得铠甲
为家生出软肋

前半生的勇毅，是不惧死
号令一诺，赶赴一场粉身碎骨的使命
后半生的忠贞，是不畏活
情深三生，守护一家相濡以沫的血缘
一名祖国英雄的儿子
一双儿女伟岸的父亲

命运下了一枚不公的棋
落子无悔，他连回了两步，微笑与希望
生活打出一张残酷的牌
执手泪眼，他压上一身，大爱无疆
人生本味，无关或甘或苦
人生本义，乃是为家为国

视频刊播于 2019 年 9 月 28 日

视频文稿略

滴水海洋

跬步千里　大气人生

我想，院士的知识
该是一座高山仰止的顶峰吧
但你说，自己只有“大海里的一滴水”
一滴水的胸怀
是折射整个海洋的惊涛骇浪

我想，七十年追索
该是一枚荣耀终身的勋章吧
但你说，那只是岁月里的一道年轮
一道年轮的心愿
是微雕全部岁月的斗转沧桑

我想，一生的奉献
该是耄耋老人满足的归宿吧
但你说，学者必须永远选择出发
起跑线的信仰
是开启无限征途的奋斗拼搏

视频文稿

一个人一生时间是有限的，能够给别人给社会做点有意义的事情，这应该是一个最好的归宿。

【同期声】王文兴 中国工程院院士 山东大学教授

我是1949年暑假进山大的，到今年正好是70周年。我1993年就退休了，考虑我自己的物理、化学基础，也考虑到山东省和咱国家的生态环境也比较薄弱，所以2003年就建立这个（山东大学环境）研究院。当时建这个研究院的时候，就我一个人，后来全是新调的和自己（学院）培养的。

大气环境在环境科学里边是很重要的，离开空气几分钟人就不能存活，当前雾霾污染、大气污染很严重，我换了7个省、9个单位治理污染，环境科学应该加强污染物质的转化机理方面的研究。环境量子化学是我们新建的，国内当时还没有。现在从环境学科来讲，很多学校都有环境学院，你不努力那肯定就要落后，没有哪一个学科比环境学科更综合、更边缘，可以说把所有的自然科学、所有的技术科学几乎都包括进去了。我的知识在环境科学里等于是大海的一滴水，我就只知道这么多。

我的经历就决定了我（觉得）我应该适应国家的需要，遇到困难艰苦，我都不太当一回事，为什么？因为我小时候就是在贫困中走过来的。所以在这种历史条件下，还是要想到国家需要，这不是说大话，也不能忘本。给国家做点事情，甚至可以说，还不能报答国家对你的培养、教育，这就是我最大的动力。

视频刊播于2019年10月7日

梅格芳心

知古鉴今　资政育人

霜雪之姿
一生钟情一门孤傲清冷的学问
却说桃李莫与争芳年
清香晚发
一生穿越一个风云变幻的时代
只道乾坤散作万里春

想这世间，有雪无梅不精神
她便执意要把春来报
看红尘里，有梅无雪俗了人
她便立于悬崖百丈冰

知古鉴今
我们都是华夏五千的门生传人
资政育人
我们幸是山大文史的私淑子弟

视频文稿

历史就是研究社会，社会生活有什么，历史研究的内容就有什么。历史是无所不包的，昨天的社会就是今天的历史。

【同期声】乔幼梅 山东大学历史文化学院教授

我1953年考入山大历史系，山大当时在青岛，青岛是非常美丽的城市。我们都非常向往的华岗校长，他是一个马克思主义的理论家、史学家、革命家，你想这三个“家”对我们当时的年轻人来说多有吸引力啊。

我自己（研究的）辽夏金经济史，宋史是中国史学工作者研究的重点内容，所以很多问题有前辈们都研究得比较的透了，你再去研究“炒冷饭”，你炒不出什么饭来。但是和宋相同时期的辽夏金，这些是比较小的朝代，并不被史学家重视，这一段时间的史料它不可能有这样完整的一套。那么你从官修的宋代历史还有个人作的历史，从这里面你要找有关辽夏金，特别是经济史的资料，要看很多的史料，从这里面再吸取有用的史料，所以研究的人就比较少，哪怕你看了那么多的书，也没有几条史料可以用，说起来是吃力不讨好的事情。

文科的学者比理科的学者要难以出成果，文科特别是史学，要花更多的时间和精力，要用史学理论来分析提高才能出观点。而这种观点人云亦云是不行的，必须有新的看法，所以，你要对大量的史料来进行分析，然后上升到理论，提出观点来，这个才是历史研究。

我们搞学问，也不能说是什么好弄就弄什么。如果说我们山大的初心，那就是校门口那块石头上的两句话，“为天下储人材，为国家图富强”，从山大创办之初118年来，从未改变。

视频刊播于2019年10月12日

有一种爱情

学术伉俪　人生伴侣

手把星辉，蘸与月色，着墨夜浓。
问：浪漫是什么呢？
答：……（脸红了，人笑了）
海潮阵阵，宛若，情书念着
浪漫就是——
梦着我的梦想，和你。

目送年华，负暄千言，执子一手。
问：幸福是什么呀？
答：……（说不出，不必说）
光影婆娑，仿佛，今生告白
幸福就是——
爱着我的爱人，到老。

彼此为因
遇见，更好的自己
各自是果
成为，最美的模样

视频文稿

苗俊英："最浪漫的事情？"

赵宝祥："你说吧。"

于晓："我们两个研究的共同的方向都是生命医学。"

马秋丽："实在，过于实在。"

吴丙新："优雅、漂亮、努力，差不多吧。"

马秋丽："这话我都没听过。"

赵宝祥："我感觉看到学生以好的成绩毕业的时候，作为一个老师应该是最幸福的时刻。"

【同期声】苗俊英 山东大学生命科学学院教授

我1986年来山东大学生物系工作，5年以后公派留学，到日本去攻读博士学位，1998年回山大来工作，赵（宝祥）老师也一起到山大来当老师。

我和赵老师刚从日本回来，我们是现建实验室，我们就要考虑我们建这个实验室，怎么共同的做一些事情。从提细胞到提生长因子，都是自己开始。生命科学院当时也没有冷冻的这些条件，也没有4℃的房间，我们就把时间计划好了，最冷的时候敞开窗户，我们就用自然的这种冷的环境把它提取出来。每当我们完成了一件事情，创造了这么一个条件以后，我们都感到很快乐。

【同期声】赵宝祥 山东大学化学与化工学院教授

从基础教学到科研训练，我们两个在这方面比较自豪的一件事情，就是我们两个联合指导本科生从2012年发表第一篇SCI论文，到现在的话应该是20篇以上了。

【同期声】吴丙新 山东大学（威海）法学院教授

我是 2000 年到威海来的，那个时候威海校区整个用于教学科研的楼就两个楼，其他全是空地。那个时候是非常艰苦的。当时的物质条件差一些吧，实际上再回过头来想一想，那几年没有考虑这些事，因为那个时候只想着怎么样做学术。

【同期声】马秋丽 山东大学（威海）马克思主义学院教授

树人它不是一个立竿见影的（事），一定是温润久远的（事业），所以在给学生上课的过程当中，我想这一节课可能是有这一节课知识上和价值导向上的收获，我要追求的是你在毕业后的若干年，你还想到我们这个课程上老师讲过的东西，对我现在生活、毕业之后的生活还会有一些启发和启迪。

【同期声】孙金鹏 山东大学基础医学院教授

在我们山大这个小的团体里头，我们有需要任何帮助的地方，就没有人说拒绝的，这种氛围支撑我们能够走到现在。科学是通过自己的双手能改变这个世界，很多时候做这个实验，可能在这个地球上还没有人做过，我们看到这个现象，是地球人的眼睛第一次看到这个现象。

【同期声】于晓 山东大学基础医学院教授

不论是外界的未知的世界，还是生命医学的这个未知的世界，有很多可以让我们去探索的，想起来就是很有意思的一件事情。做的东西越有挑战性越曲折，最后解决的时候那种成就感越大，很喜欢这种感觉，为自己做出来的工作还是很自豪的。

【字幕】

伉俪情深，相伴意长。南来北去，携手扶将。

视频刊播于 2019 年 10 月 13 日

我和我的中国

我和山大　梦梦与共

为国育贤，师者的始终
初心执梦
耕耘皓首，为一个响亮的、美丽的中国

性命相托，医者的道义
仁心守梦
精益术业，为一个健康的、温暖的中国

自主创新，工程的精神
匠心筑梦
夙夜执着，为一个纯洁的、绿色的中国

引领未来，青春的力量
恒心逐梦
智能天下，为一个崭新的、未来的中国

视频文稿

曾繁仁："我觉得山大的初心就是要振奋中国的教育事业，振兴中国的高等教育。"

董频："在上海的山大人，他们说起来的时候都觉得我们老老实实干活，本本分分生活。"

李天驰："山大带给我的最大的影响就是既要抬头看天，又要脚踏实地。能沉下心来，能够去钻研，正是这个时代稀缺的一种精神，也是母校带给我特别好的一个品质。"

【同期声】曾繁仁 山东大学中文系1959级 山东大学文艺美学研究中心主任

我们国家改革开放以后，我们对实行大规模的工业化取得的成绩有很切身的感受，同时对造成的环境污染也有切身的感受。我们的美学应该介入，我们的美学不应该沉默。2001年在陕西师大召开的全国第一届生态美学会，发布了我的第一篇"生态美学"的文章《生态美学——后现代语境下的生态存在论美学》，"生态美学"这样一个美学概念，是我首先提出来的。我大概到现在始终没有停止，我们要使人们的生活不仅要富起来，而且要好起来，特别是党的十八大提出的美丽中国建设，里边包含着重要的美学的内涵和意味。

【同期声】董频 山东大学临床医学系1979级 上海市第一人民医院耳鼻咽喉－头颈外科主任

现在人对生活要求更加精致，以前就说你把命给我保住就行，现在不光要保住命，还要提高生活质量。在喉癌下咽方面，我们通过对喉功能进行精准的治疗来保留喉的功能。

同样做一个喉癌，大家都知道在这个前方打一个洞，临床当中，我们有些病人说最好不要打这个洞，所以说我们改进了一个非气管切开的喉部分切除成形术，获得了上海市政府的奖励，也获得了中华医学进步奖。他们问过我说，你做了多少例手术，我说 5000 例肯定有的。通过这些手术，我觉得大多数的病人都是恢复了比较满意的功能。我们之前大约有一半的病人，都是做了全喉切除，在我们这儿做手术的病人，80% 都保留了喉功能。

【同期声】韩志航 山东大学能源与动力工程学院 1999 级 中广核集团公司人力资源部处长

现在中广核差不多有 4 万人，山大人有 500 人左右，相当于占了 1/80，遍布世界各地。（2008—2012 年）我是做主系统设计的工作，相当于核电站的心脏部分。当时引进（大亚湾核电站）的时候，只是拿到了一个电站的设计图的结果，用这些工程文件就可以把电站建起来。但是如果说要形成自己知识产权的话，我们要知其然，也要知其所以然。我们只能从最基本的原理慢慢地把它还原。所以说才有了国家名片“华龙一号”。五六年的时间，走过了可能别人一二十年的路。

【同期声】李天驰 山东大学软件学院 2009 级 深圳点猫科技有限公司创始人

我现在是创立了一个叫“编程猫”的创业公司，主要是覆盖从 4 岁到 16 岁的青少年儿童的一个编程教育。对我们来说，怎么样帮助下一代变成更符合这个时代要求的人才，从而让我们的国家变得更富强。特别开心的是，2016 年我们跑到新疆的克拉玛依的时候，有一个维吾尔族的小姑娘，特别开心地在电脑上画了一幅画，然后，她用一些简单的编程模块让它动起来了。小姑娘在那儿手舞足蹈的时候，我们自己心里边就感觉特别的幸福。

【同期声】曾繁仁 山东大学中文系 1959 级 山东大学文艺美学研究中心主任

在一百多年的世界思想史上，中国的学者、理论家的话语比较少，我做生态美学，就是试图走出一条（道路），把中国的美学推向世界。

【同期声】董频 山东大学临床医学系 1979 级 上海市第一人民医院耳鼻咽喉 – 头颈外科主任

创新就是我们前进的动力，也通过我们这代人的努力或后代的努力，能够找出这个肿瘤的根源，根治肿瘤。

【同期声】韩志航 山东大学能源与动力工程学院 1999 级 中广核集团公司人力资源部处长

我的梦想是中国的核电可以在海外落地，当年引进大亚湾（核电站）的时候，我们有（外国）专家村，后续我们在海外建核电站的时候，我们也要有中国的专家村。

【同期声】李天驰 山东大学软件学院 2009 级 深圳点猫科技有限公司创始人

我们要通过自己的创新来完成我们的发展，然后用我们的创新，去给“一带一路”沿线国家，去给世界上其他的国家一些智慧。对我们来说，我们能做什么？我们就从下一代抓起，让他们学会创新，让他们可以改变这个社会，改变这个世界。

视频刊播于 2019 年 10 月 14 日

生日的礼物

小礼区区　大日鸿福

我该怎样书写海韵山魂？
运着波涛的腕力，
沿着晨曦的走向。
今天，每一道熟悉的横竖撇捺，
我都用孩子的笔体，
天真地写下——

我要如何书写那浩然之气？
在狼毫宣纸里锻打，
于行书狂草中酣畅。
今天，每一页岁月的曼舞花开，
我都用笑的旋涡，梦的马蹄，
美丽地写下——

我要去书写那家国天下啊！
挥舞着隶书的骨节，
锻造着小篆的赤肠。

今天，一切关于历史与未来，
我用你传授的姿势和力量，
快乐地写下——

你的悠久，是我梦想的盛年
你的生辰，是我使命的华诞
我的大学啊，生日快乐！

视频刊播于 2019 年 10 月 15 日

视频文稿略

法律使者

法医正义　援济民生

在我心里

她是红色的
是国旗飘扬的颜色
那更是赤子的心，是热血沸腾
是真诚信仰的映色

她是金色的
是土地丰收的颜色
那更是阳光的暖，是征程光明
是万家灯火的安详

她是绿色的
是青山碧水的颜色
那更是生命的律动，是美丽家国
是希望生长的根基

她是蓝色的
是星辰大海的颜色

那更是逐梦的远，是理想高飞
是使命在肩的深邃

她是洁白
是雪域高原般的无瑕
那更是神圣的公正，是高尚无私
是十四亿人的意志，是七彩光华的总和

是我拥抱着祖国

视频文稿

【现场同期】山东大学学生寻求法律援助

我快递了我的护照，我有急用，但是现在快递丢了，然后快递公司也不负责，我应该怎么办呢？

【同期声】张振 山东大学法律援助中心主任

像今天上午这种情况来找我们咨询的，我们每年可能有100多件。如果靠我们的知识能解答，我们就形成一个法律意见书，告诉这个同学他第一步要怎么做，第二步怎么做。如果这个问题比较棘手的话，我们会联系我们的专业老师，尽我们最大所能，为当事人提供最好的一个解决方案。

我们山东大学学生法律援助中心，是在山大法学院党委的支持和指导下组建的一个公益性服务组织。主要有两块业务：一个是面向社会大众的普法，再一个就是提供法律援助。

现在大家的法治意识还不是很强烈的，比如说我们送法下乡，你要和他深入交谈的话，你会发现他其实有很多法律方面的问题是比较模糊的，但是一个原因是他可能意识不到这个问题，再一个就是可能普遍存在的厌诉的情绪，他也不想通过法律的途径来解决。

【同期声】陈炳蔚 山东大学法学院2018级硕士研究生

国家也在提倡法治与德治相结合，我们希望不仅仅帮助他们解决这个问题，更希望他们在解决这个问题之后，还能在这个村子里继续生活。我们觉得法律是保护公民的权利的最后一道防线，但也并不是唯一的选择，可以用我们的方式去帮助村民解决这样一些矛盾和纠纷。

【同期声】郭嘉琦 山东大学法学院普法进校园志愿者

有一次普法大讲堂，我们就主动抛出了问题，“比如说，同学们，你们知道如果你在超市买的酸奶，已经过了保质期，然后你买到以后，你该怎么处理吗？”然后在场的同学大部分都说回去找他，我们就问找他完了以后呢，然后他们就说，再拿瓶新的。其实这些高中生的法律知识，都是不达标的。然后我们就给他们解释说，如果你在超市里面买到了过期的食品，你是可以要求10倍的惩罚性赔偿的。

看到自己的一些小小的举动，真正影响到这些孩子们，我们也觉得学有所用吧。

【同期声】陈炳蔚 山东大学法学院2018级硕士研究生

跟专业的律师、专业的法律工作者相比，可能我们的优势就是我们有时间，有热情。我们愿意做这件事情，能够结合我们所学，发挥我们法援的职能，为法治社会建设、法治中国建设贡献我们的力量。

【字幕】

山东大学学生法律援助中心自2004年9月成立以来，开展各类普法活动300余次，每年提供法律咨询、出具法律意见书达100多件。

视频刊播于2019年12月4日

新年朗读：青春万岁

青春无悔　奋斗万岁

青春是爱、是暖，是人间的四月天
青春是少年、是真挚，是永远热泪盈眶

青春是梦的马，始终在奔跑
是焰火，炙热而跳动
青春是肆意，是自由，是无畏伤痛
青春是奉献，是初心，是放声大笑
是希望的孕育，是涌动的朝阳

谁用青春，追逐年华的车驾
即使白发满头，他们都是年轻的
因为青春万岁

谁用青春，擦亮夜空的星辰
无论寂寞平凡，他们都光芒万丈
因为青春精神

来用青春，敲响新年的钟声
只要拼搏在路上，我们都是时代的主人
因为青春，就是奋斗的模样

视频刊播于 2019 年 12 月 31 日

视频文稿略

不走寻常路

激活创意　创新育人

星河静默流淌
若有亘古不变
便是它们
长柄指向北天最亮的星

最美的星轨，十余载创新育人
热情浇灌兴趣，鼓励培植创意
合作锻炼思维，竞争激发灵感

挚诚的初心，指向挚爱家国
实践探寻真理，研究累积学识
学海领航，架桥梁，连接产学研
科创长途，建平台，融合文理工

星辰流转不歇
智慧赓续裂变
一起创造
在 21 世纪的第二个十年

视频文稿

【同期声】邢建平 山东大学创新创业学院副院长 微电子学院教授

1995 年研究生毕业的时候，我作为一个理工科的学生，抱着实业报国的思想选择了到企业工作。我认为中国的工科教育里面特别缺乏“双师型”的人才，把产业和教育融合，我毅然决然地回了山大一直工作到今天。10 年前教学都还是传统的模式，如何给学生创造一个展现创新思想、创新作品的交流平台，我就提出来创造一个课赛结合的任务驱动平台。

我们创建了《创新工程实践》，到今天已经成为国家在线精品课程。四五年的选课量超过了 50 万人次，在全国大约将近 600 所学校进行了推广。

iCAN 这个比赛就源于学生来找我们，说为什么我学了那么多知识，却找不到好的工作？遇到复杂的问题不会干？学生的问题就是我们当老师的责任，结合着实践，结合着创新，（我们）成立了全国首个大学生创新实践基地。我们的比赛分智能、应用、智慧家居，领域是比较宽的。都是学生的原创，从创新再孵化它们到创业，将近 30 万学子通过这个舞台展现了自己。2012 年，我们山东大学获得了 iCAN 全国的特等奖总冠军。

我们的工作面向新时代教育的新需求，就是要进行教学方法、教学内容的探索和改革，希望培养的孩子能德才兼备，知行合一，将来把自己的 SCI 论文写到祖国的大地上。

视频刊播于 2020 年 1 月 9 日

家园

聚汇岁月　守创未来

朝阳它带来清晨的故事
我讲给自己听——
关于奋斗
风花雪月的诗句后，我在年年地成长
聚是回忆，守诺言，创梦想

星辰它带来一天的故事
我讲给妻儿听——
关于情怀
柴米油盐的烟火外，魂牵梦萦的眷恋
聚是深沉，守青春，创明天

大海它带来光阴的故事
你总讲给我听——
关于家国
橙黄橘绿的岁月里，百廿盛章为序典
聚是芳华，守底色，创未来

视频刊播于 2020 年 1 月 18 日

视频文稿略

你有多美

祝你平安　等你归来

假如是因为从医才去背负沉重
你不会如此脚步匆匆
假如是因为名禄才去劈荆前行
你不会如此割舍亲情

口罩遮不住
你从容的面孔
还有眼镜后面
你那踏实而骄傲的目瞳

不是只有竞技场上才高呼加油
此刻的加油
除了鼓励还有期盼和珍重

不是只有春暖花开才释怀相拥
此刻的相拥
除了抒情还有沉甸甸的担承

撒开牵挂的手
懂爱的人
热泪中已不见风情
挥别远去的背影
懂美的人
鲜花中已难觅功名

不管哪里有疫情
有呼唤就有奔赴的英雄
纵使前路艰难 病毒狰狞
怎能阻隔你对祖国和人民的忠诚

有种爱
叫舍小爱为大爱胸中日月
有种情怀
叫山东湖北家国情怀气贯长虹

视频刊播于 2020 年 2 月 20 日

视频文稿略

大力战“疫”记

奉献国家　无悔青春

我知道，越暗的夜里，会出现越多星星
不知来自何处，朝向同一地方
迎上春天，洒作喜雨
落在眼底，化成泪光

人们说，人生而平凡，没有人刀枪不入
当你捧起白褂，奇迹发生了
寸心奉与理想，青春献给山河
赤心蓬勃跃动，目光温柔坚定
光吸引光，火遇见火
或许微小，从不微弱

你听啊，他们在诉说，用无声的语言
一手持警钟防患，一手握重刃御袭
布衣烈如银铠，血肉高筑铜墙
出征前，他们挥挥手
那背影，胜过万语千言

视频刊播于 2020 年 4 月 12 日

视频文稿略

团圆

山河无恙　国泰民安

自始而发，道分两端
人，总陷入两难

怕你飞得太远，牵不住线
更怕你徘徊流连，固步不前
盼你胸怀天下，报国惠民
也盼你日日平顺，岁岁长安

站定大道，一往无前
仁，是代代家传
亦吾心所愿

你将左顾右盼的为难
织进我出征的衣衫

战壕七十日
无暇想你，也忘了自己
在每一句话语和每一个眼神里

在每一滴热泪和每一次忍痛后
在十万火急的生死关头
在如释重负的喜悦时刻
阴霾盖不住，防护服阻挡不了
爱，悄然扎根、蔓延

回首惊觉
我予人的爱
源于你左顾右盼的为难
为难之后的深情鼓励
鼓励之后的无尽牵盼

温酒三杯
敬，舍生忘死大仁爱
迎，万里归来小团圆
祝，山河无恙，国泰民安

视频刊播于 2020 年 4 月 23 日

视频文稿略

为了生命

为国分忧　为民解难

生命，是一树花开
经年流转，期许岁月静好
曾经的青衣少年，如今已是白发先生
奔波，只为践诺对生命的契约

医之大者，匡时济世，润泽生民
怀“为国分忧，为民解难”初心
“始终把人民群众生命安全和身体健康放在第一位”
义无反顾奔向未知的战场
以舍我精神和无私奉献
在抗疫前线为无数生命筑起一道坚固防线

红尘千丈，念在生民
有风有雨的日子，才彰显生命的厚度
于无声处倾听凡尘落素
渐渐明白
为什么我的眼里常含泪水
因为我对生命爱得深沉

视频文稿

一个人不论在哪个工作岗位上，都应该精益求精。我们这一行人命关天，不应辜负病人和家属对我们的信任。

【同期声】马承恩 山东大学第二医院援湖北国家医疗队队长 重症医学科主任

我们重症医学科成立于 2005 年，当时就两个大夫排班，所以基本上我们俩就 24 小时轮班倒，常常一星期都不回家的。

经过这十几年的发展，现在我们 ICU（重症监护室）有 20 张床位，16 名医生，80 多名护士。我们收的病人来自全院各个科室，有的病人来的时候就昏迷，好几个脏器都有问题。所以没有站着来的，没有走着来的，都是病床推着来的。

ICU（重症监护室）的护理是全能的，包括干体力活。有的病人 400 多斤，我们也得照常翻身，该做的检查还得做。病人家属不在身边，病人的一切都交给医护人员，咱还是要把病人像亲人一样照顾好。

【字幕】

2020 年 2 月 9 日，山东大学第二医院援鄂抗疫国家医疗队出发。

第一次穿上隔离服走进隔离区，第一次会诊，第一次查房……

2020 年 3 月 31 日，山东大学第二医院援鄂抗疫国家医疗队凯旋。

【同期声】马承恩 山东大学第二医院援湖北国家医疗队队长 重症医学科主任

以前我尽管也参加过援非医疗队，救治过汶川地震伤员，但是从来就没感觉自己为国家作了多大的贡献。我就感觉这次为国家出力了，对我个人来说，自己的职业生涯可以说没有任何遗憾了。

视频刊播于 2020 年 5 月 26 日

最美主人翁

坚守是真　劳动最美

白鸽飞舞的年代
人海中，分辨不出英雄
英雄，守护在普通的岗位
穿着最简单的颜色
是你

风平浪静的日子里
是谁，甘愿负重前行
是那些擦身而过 模糊的容貌
打磨着生活最朴实的底色
也是我

你不认得我，我也不寂寞
若岁月静好，我就凿刻平凡
报答时代，以勤劳

你会忘记我，我也还是我
如果风雨骤来，我就歌颂使命
美好，是奋斗在历史的回响

视频刊播于 2020 年 6 月 11 日

视频文稿略

攀登者

九天揽月　壮志凌云

飞翔　就是邀约风雨
风雨会浇灌彩虹
彩虹要连架天空
天空它眷恋着、映照着美丽的土地
这是航天人的梦想

攀登　就是遇见荆棘
荆棘会刺痛脚步
脚步想征服旅途
旅途它期待着、超越着未知的高度
这是攀登者的成长

奋斗　就是召唤汗水
汗水会答复挫折
挫折要雕刻青春
青春它总迎接告别，又开启未来
你已是建设者的模样

握紧人生的底牌，是无畏
助推家国的王牌，是最美的我们

视频文稿

攀登不仅是为了看到更美的风景，更是为了遇到更好的自己。这是人生不断向上向前的内在动力。

【同期声】李明华 山东大学数学系1980级校友 中国运载火箭技术研究院党委书记兼副院长

我是山大数学系1980级校友，现任中国运载火箭技术研究院党委书记兼副院长，长征五号运载火箭第一总指挥。36年前，当我收拾行囊准备离开母校的时候，也和你们现在一样，对校园充满了留恋，对未来充满了憧憬，还有一些小小的忐忑。

此时此刻，除了送上祝福，我也想和大家一同分享我的感悟。我想对你们说，找准奋斗坐标系，做勇敢攀登者。

2017年（长五）遥二火箭飞行实验失败，之后我受命担任了第一总指挥，率领团队908天负重前行，攻克了重大工程技术瓶颈，终于实现王者归来。今年的5月5日，长征五号B遥一火箭首飞取得了圆满成功。不久以后，我国首个火星探测器，也将由“胖五”实施发射，开启我国行星探测之旅。2018年和2019年，我国连续两年火箭发射数量处于世界第一位，其中超过八成的发射任务都是由火箭院来完成的。

我国航天事业的奠基人、人民科学家，也是火箭院首任院长钱学森，当他在登上回国的邮轮时，他庄严地地说出了自己回国的初心：我要竭尽全力建设自己的国家。60多年过去了，这句话依然是航天人对事业最本真的情怀和追求。

不久前我的团队刚刚获得了第二届全国创新争先奖奖牌。我和我的团队经过10多年的艰苦攻关，历经挫折和磨难，其间几度浴火重生，攻克了世界性技术难题，终获最后的成功，铸就了大国重器，成为我国国家战略安全的王牌和底牌。

正所谓强者不是没有眼泪，而是含着泪依然在奔跑。没有经历过失败的攀登，诠释不了攀登的含义；没有过铩羽而归，就不会知道高峰在哪里。希望你们能够时常想起“学无止境，气有浩然”的校训，逢山开路，遇水架桥，不畏艰难，不断向上，才能看到更远的天空，才能成就更美的自己。

视频刊播于 2020 年 6 月 18 日

探路者

探赜索隐　造福人类

因为大海能纳百川　所以很酷
所谓　前与后　根本不是海的计较
唯有去奔涌　这才是浪的归宿

因为宇宙广袤无垠　所以很酷
其实　明与暗　并非星辰的追求
只管发热吧　这是生命的姿态

你会不会觉得　科学很酷
直击银河之大　参看纳米之微
其实科学一点都不酷
它爱天地　心牵家国与民生

是科研者　他们很酷
无问西东　但求真理
结果　成与败　从不是对战未知的初心
只为探索　就是探索者的方向

视频文稿

我们探索，我们创新，我们希望我们就是这样一批走路的人，创路的人，筑路的人。

做科研大部分是一些枯燥的、重复性的工作，但是有时候发现一个问题，你解决这个问题的时候，尤其是看到了一些别人从来没有看到过的东西，就觉得这真的是一件很酷的事情。

【同期声】 鄢仁鸿 山东大学生命科学学院2010级本科生 西湖大学生命科学学院博士后

我是山东大学2010级本科生，在生命科学学院2014年毕业以后去了清华大学，跟着颜宁老师攻读博士生，2019年毕业以后就来到西湖大学从事博士后的工作。

2月底的时候，当时国内的疫情还是非常严重的，大家对于这个病毒是怎么侵染人体的机制还有很多不清楚的地方。我们也希望能够为抗击疫情做出一些贡献，大家就提出要主动回来。

疫情期间购买试剂、耗材也会有一些困难，我们当时没有新冠病毒这种基因，正好遇到了山东大学的王培会老师，他当时愿意跟我们分享新冠病毒S蛋白的基因。然后他们把这个质粒寄过来以后，我们就表达了S蛋白。

我们把人体比作一间房子的话，那么ACE2就相当于是房间的门，新冠病毒S蛋白侵染人体的过程，就相当于是打开门把手的这么一个过程。我们知道它是怎样接触这个门把手，我们也研究了它怎么打开的这么一个过程，然后你就能更好地针对性地抑制（这个病毒）。当时我们是发表在了《科学》（*Science*）的这个封面文章上，所以我们的这个研究出来以后，就相当于揭开了它的神秘面纱，也算是世界上首批报道出来新冠病毒受体结合结构域和ACE2它的复合物结构的那个组。

很多时候大家在面对这种未知，都会有一些恐惧的心理。最重要的是要保持两个心，一个是初心，第二个是好奇心，能够去不断地发现未知，探索未知。在母校四年的学习生活，不仅让我学到了很多书本上的知识，更多的是山东大学这种“学无止境，气有浩然”的氛围，让我对未来的人生有了更多的思考。

一个人要不断地提升自我，要想着为这个国家，为这个社会的发展能够奉献自己的一份力，同时为人类的科研探索去尽自己的一份力。

【字幕】

人民的需要和呼唤，是科技进步和创新的时代声音。

视频刊播于2020年6月19日

建设者

脚踏泥土　心系百姓

土地　需要沉静的季节
选择青黄不接　拒绝热闹喧哗
安然地　等待薄发
积蓄力量　这是大地的涵养

以春播　夏种为乐
不曾急于秋收之喜　是耕耘者

人生　会有一段寂寞
那些日子里　要付出很多努力
却未必　得到结果
不必焦虑　这段时光叫作扎根

只管掘进泥土　穿碎石块
无须介怀叶茂花繁　是扎根者

向下扎根　是种子的选择
向上成长　是根植大地自然的收获
扎根的奋斗　成长的等待
这是建设者

视频刊播于 2020 年 6 月 20 日

视频文稿略

写给未来山大人

躬耕文史　仰望星空

今天　你将为自己
做个重要的选择

儿时　曾记懵懂
在牙牙启蒙的音律训诂中
天戴其苍　地履其黄

少年　而今佩剑
在史海文山的浩瀚深泽里
纵驰千古　横骋八荒

成年　即使艰辛
也要在满地都是六便士的街上
抬起头来　看见月光
青春　是最美的旅程
要与不朽的事物在一起　与纯净的灵魂在一起
向历史寻找滋养　相信文学的力量

亲爱的　未来山大人
你要做个重要的选择　选择与谁同行
我们想与你在一起
躬耕学问　仰望星空

视频文稿

【同期声】杜泽逊　山东大学文学院院长　教授

亲爱的未来山大人，我是杜泽逊，1981 年 9 月 1 日进入山东大学中文系。

那时候的山东大学中文系早已名满天下。我是从一本书认识山东大学的——1974 年由山大中文系编辑、山东人民出版社出版的《学习字典》。这本书的主编者是山大中文系的蒋维崧先生，也是后来国家编大部头的《汉语大辞典》的副主编，从这两部词典可以看到山东大学语言学的领先水平。

后来我在山大读书，使用的全国统一教材《中国文学史》，主编（有）五位先生。其中“魏晋南北朝隋唐五代”部分，就是山大萧涤非先生一人撰写的。从这本全国通用的教材，也可以看出山东大学古代文学的地位。

山大历史系有八大教授，当时叫“八马同槽”，其中有位王仲荦先生，曾经是历史系主任。中华书局标点《二十四史》，王仲荦先生代表山大负责南朝五史的整理，当时北朝四史由武汉大学唐长孺先生负责，学术界因此就有了“南王北唐”之说。王仲荦先生著述等身，他的《魏晋南北朝史》上、下卷是至今无法超越的学术高峰，山大“文史见长”从这里可见一斑。

最好的大学是什么样的呢？首先是有大师，山大中文系的“冯陆高萧黄”，当时叫“五岳”，都是古代文学名家。语言学有殷孟伦、殷焕先两位先生，也是学术名家。有了大师才有名校，目前山大文学院的袁世硕先生是古代文学名家，曾繁仁先生是文艺美学名家，钱曾怡先生是语言学名家，郭延礼先生是近代文学名家，历史学院路遥先生是近代史义和团研究的名家，王学典教授是史学理论名家，方辉教授是考古学名家，他们的身影都可以经常在校园里看到。

尊敬的同事——对未来的山大人我也许可以这样称呼你——因为我们都将在山大从事同样的文史研究工作，虽然我们不是同龄人，甚至不属于一个时代，你是更加先进的、未来的山大人。因为山大就如同全中国、全世界，各个方面都在迅速发展，我们同在一条河流奔涌，而你们，是不可限量的“后浪”。

视频刊播于 2020 年 7 月 26 日

输入你的山大密码

气养浩然　逐梦山海

今天　你将为自己
做个重要的选择

在青涩美好的年纪
选择奋不顾身　爱怦然心动的人

在懵懵懂懂的年纪
选择心念家国　做顶天立地的事

在喜欢做梦的年纪
选择面向大海　创造春天与未来
梦想　是最真的世界
把虚拟变成现实　让遥远来到身边

亲爱的　山大人
你要做个重要的选择　书写怎样的故事
我们想读关于你的故事
气养浩然　逐梦山海

视频文稿

【同期声】刁文瑞 山东大学网络空间安全学院（研究院）特聘教授 齐鲁青年学者

青岛本身的特色就是红瓦绿树，碧海蓝天，其实这也是青岛校区的一个特色。我在个人主页上做一些研究生招生宣传的时候，我直接写的是校园距离海边不足 500 米。青岛校区本身同济南校本部是在错位发展的，集中了山大的信息、生物、海洋、环境这样一些学科，建设高端人才的聚集和培养基地，高端学术和应用技术的一个研究基地。

我现在是山东大学网络空间安全学院（研究院）齐鲁青年学者，特聘教授。外人会觉得网络空间安全学科工作非常的炫酷，但实际来讲，我们正常的科研主要就是通过一台电脑、一根网线就基本上可以完成。

有时候我们会觉得网络空间安全离我们生活有点远，但实际离我们生活非常近。就拿我们每天都在使用的手机来讲，在商店购物的时候，你扫码支付，其实在这个过程中就应用了非常多的技术。比如说从最底层的硬件级的安全芯片、加密数据传输，到整个支付过程中的身份认证，这一系列技术的应用才保证了我们在扫码支付中的安全。

山东大学的网络空间学院（研究院）主要是在密码理论上非常著名，最有名的成果当然就是 2005 年左右，山东大学网络空间安全学院（研究院）的院长王小云院士破解了 MD5 和 SHA-1 两个国际通用的哈希函数。

我印象比较深刻的就是王院士当时接受采访，问她能够成功做出如此多重量级科研成果的一个秘诀。王院士把它归结为坚持，一个人能够坚持十年做一件事，一定能做成。

习近平总书记曾经说过，没有网络安全就没有国家安全。

按我自己的体验来看，山大能够提供一个你实现梦想的舞台。在这里你能体会到数学的魅力，你能感受到密码学的魔力，在这里你能够学到网络攻防的技艺，你更能深刻地理解我们的世界、我们的时代。这里有着学识丰富的老师，配套完善的软硬件设施，严谨前沿的学术讲座，在这里你可以安心当一名探索者，探索神秘而迷人的（网络）安全世界。

我从 2006 年进入山大读书，到离开山大继续深造，然后又回到山大工作，14 年来我的心始终和山大在一起。这是我的山大故事，希望未来这里也有你的故事。

视频刊播于 2020 年 7 月 30 日

闪亮你的山东大学星

心驰山海　目极星河

今天你将为自己
做个重要的选择

在纷繁的表象中　探索简约与本质
看见世界的角落
笑脸灿烂　天空湛蓝
绽放你乘风破浪的颜色

在浮躁的诱惑里　相信执着与冷静
看透天涯的缝隙
身负傲骨　冰霜洁白
敞开你海阔天空的胸怀

于迷茫的雾霭间　坚守行动与自信
看穿山海的曲折
跨越南北　极光万丈
驰骋你遨游宇宙的梦想

看见　是眼眸对心灵的折射
最博大的是海洋　最遥远的是星河
但还有比它们更广阔的

亲爱的　学弟学妹们
你要做个重要的选择　选择看见什么
我们在这里等你　一起去
心驰山海　目极星河

视频文稿

物理是用现代技术手段研究世界的学问，大到宇宙的起源，小到一滴水滑落的弧线。用物理我们把温暖的阳光和身边吹过的风，变成生活必备的能源，把看不见的电磁场变成推动世界发展的动力。踮起脚，用人类的眼光去发现大自然最高层次的“简约之美”。

【同期声】姚淑涛　山东大学（威海）空间科学与物理学院博士研究生

我 2008 年考入山东大学（威海）空间科学与物理学院，这是一个镶嵌在风景中的大学——走出西门一分钟，就可以来到威海最美的海水浴场，这里滩坡平缓，沙质柔细，海水清澈——这里有诗一般的浪漫，迎着海风，会让学习的疲惫一扫而空。

我们的学院在半山腰的闻天楼，从入学一直到现在，我在这里度过了从本科到博士的美好时光。正如我们学院的名字一样，我们主要的研究方向就是探索太空中神秘的领域。

我的大部分同学从大二、大三就开始根据兴趣选择了不同的研究组，在导师的带领下进行了研究。我们接触了许多前沿、新颖的科学研究，比如北斗卫星的导航、太阳系的探索等等，每个方向都有领域内的专家亲自指导授课。有许多的学生最后都留在了这里，继续攻读研究生。

2018 年借助于学院的合作项目，我成功申请了中国第 35 次南极科考任务。

【现场同期】中央电视台新闻栏目报道中国第 35 次南极科考任务

在这种情况下，我们必须要及时赶到现场去把它修复，但是当时外面的暴风雪非常大，你看这个，这个风速大概是 34 米 / 秒左右。

【同期声】 姚淑涛 山东大学（威海）空间科学与物理学院博士研究生

我作为空间物理专业的青年科学家，在南极进行了长达一年的科考工作。

南极考察的经历对我来说就像是在看一部科幻电影，在这里能看到 24 小时不落山的太阳，也会经历几个月见不到阳光的黑夜，有漫天的暴风雪，也有非常可爱的小动物。记得有一次极光爆发，我来到了一个非常清澈的湖上，满天绚丽的极光和银河都倒映在上面，躺在湖面上会觉得好像是处在外星球一样。

国庆节的时候，在地球的最南端我们升起了五星红旗，那一刻我们的感觉是无比骄傲的。

山东大学的空间科学与物理学院是一所非常年轻的学院，但在这个方向上它属于国家最早一批起步的，承担了很多重大的科研和工程任务，也取得了非常多、非常重要的科学成果。希望我的学弟学妹们，你们也能来到这里，找到自己的兴趣，通过自己的努力去探索属于自己的世界。

愿你们眼中有星河，心中有山海。我在威海，等你来！

视频刊播于 2020 年 8 月 2 日

“医”路同行在山大

生命无恙　“医”路花开

今天　你将为自己
做个重要的选择

他们更眷恋温暖　因为生命害怕寒冷
于是在冬天逆行　寻找春天
最后把自己变成
复苏的春风　泛绿的春雨

他们更计较分秒　因为生命钟声滴答
于是向生死逆行　赢回时间
最后把自己变成
洁白的城墙　纯白的希望

他们更显得坚强　因为生命脆弱会疼

于是与苦痛逆行　治愈安慰
最后把自己变成
柔美的絮语　柔软的铠甲

生命　是最大奇迹与礼赞
哪有英雄可相托　哪有天使去祈祷
生命卫士
无非是人群中平凡的他们
和成长着的你们

亲爱的　以青春歌颂生命的你
要做个重要的选择　是否成为“他们”
我们在这里等你　一起行走
生命无恙　“医”路花开

视频文稿

【字幕】

齐鲁医学是中国近代西医教育的源头之一。

【解说词】

这里，有一段跨越世纪的历史。时光，是最执着的前行者。

浩浩百年，杏林兀立，风标自成。这里有一群奋斗不息的医者，他们是最美丽的逆行者。白衣执甲，护山河无恙。这里有一批朝气蓬勃的学子，青春是最真挚的追梦者，其中每个人必是足踏一方的济世良医。博施济众，广智求真，不是药神，但要为人先。光明温暖，做新时代的“提灯女神”。在这里你将感受到生命的渴望，你也可以为生命传递力量。

从这里出发，快乐着、坚持着、行走着、奋斗着，博爱、自信、责任、坚毅、勤奋、自律，这是你们应锻造的品质。在踏入医学殿堂那一刻，你将竭尽全力，最后懂得虽然不可能除尽人类之病痛，也不可能实现健康之完美，但终其一生，从医无悔。捍卫生命的价值，实现人生的价值。

从这里他们出发了，遍布五湖四海。

在这里等你们聚来，逐梦星辰大海。

【同期声】陈子江 中国科学院院士 山东大学副校长 齐鲁医学院院长

欢迎加入山东大学齐鲁医学的队伍。在这里你们一定会学有所得，最终实现人生的梦想。

视频刊播于 2020 年 8 月 6 日

景蓝斋

百年好景　一处悠蓝

曾忆　依稀
清婉小景　雅致大观
女儿的兰心　学子的蕙质
其名　若诗
她是不墨的长卷
浸染了一幅贯连中西的画

岁月　欣然
书音琅琅　轩窗吱呀
齐鲁的林荫　学府的花木
气性　脱俗
她是凝固的时间
流动出一条通约古今的河

淡泊　热肠
不拘寂寥　不畏繁碌
仁心的臻纯　医者的悲悯
大爱　相承

她是无声的故事

讲述着百年情怀家国的人

视频文稿

在泉城济南繁华的中心地带有这样一群建筑，它就是齐鲁大学近现代建筑群，建筑47座，大多都完好保存，堪称近现代建筑博物馆。这些建筑中有36座是属于国家级文物，它们是“学无止境，气有浩然”这一校训的见证者。

【解说词】

沿着杏林路漫步到校园最西端，可以发现有一座小楼，这座高度约11米的欧式建筑叫“景蓝斋”。它坐西朝东，建筑整体呈四合院形式，三栋楼连为一体，呈“凹”字形。正中曲线形的檐口，简洁而富有装饰感的烟囱，连同日尔曼式大眼睛状的老虎窗，都表现出景蓝斋独特的北欧建筑风格。但这座精致的小楼也曾经历过风吹日晒，变得破败不堪。

【同期声】 张兵 山东大学趵突泉校区管理办公室修缮科科长

楼内木基层基本上全部都已经腐朽了。列入国家级文物之后，我们本着修旧如旧（原则），比较标志性的像楼梯、门窗按原来的样式修复，基本上颜色也是按档案馆里边调出来的图纸颜色。景蓝斋的修复历近8个月的时间，用工近5000个工日，于2016年年底交付教学使用。

【解说词】

景蓝斋建于1924年，是为纪念齐鲁大学首任女生部主任娜德博士而修建的。在1923年由5位美籍医学女博士带领两个班32名女学生并入齐大，娜德博士成为齐鲁大学第一任女生部主任。并校后，医学院带来的几十万“嫁妆”，使齐大有了这座典雅的小楼，同时也取名“景蓝斋”，以示纪念娜德博士。

今天的景蓝斋已成为山东大学齐鲁医学院临床教学地点，每年都有1500余人在这里进行培训学习。作为医疗模拟中心，在此模拟复杂的临床场景，训练学生开展高阶段临床技能综合训练。

【同期声】 钟宁 山东大学医学模拟中心主任

这里是原来景蓝斋的女生食堂，就餐的地方，现在我们把它们改造成了教室，可以在这里完成一些教学工作。我们还有情景模拟临床技能训练室，这是一个内科的临床技能训练室，在这里，学生可以在一个智能模拟人身上完成真实病例的模拟。

希望在这样一个百年老建筑里面，传承山东大学和齐鲁医学的精神和优秀的品质，敢于创新，勇于创新。把最先进的现代教育理念引入景蓝斋这样一个老建筑里面，引入最先进的医学教育方法、医学教育技术，我们希望在这里为百年山大和百年医学培养更优秀的医学人才，为健康中国和健康山东作出我们的贡献。

【解说词】

2013年5月，景蓝斋作为齐鲁大学近现代建筑群的单体，被列入第七批国家重点文物保护单位而永久保护纪念。

视频刊播于2020年9月7日

我热爱

乐而近思　爱以远致

一个心愿
从种子到开花　要过多久?
去问问梦想
它负责规定　执着的期限

一种知心
从关切到理解　要走多远?
去问问真诚
它拥有唯一　心灵的地图

一份追求
从简单到卓越　要跨越多高?
还是去问问课堂吧
这是求知的起点　通往科学的顶峰

一种生活
从平淡到幸福　要添加什么?
不妨问问 801 教室吧

那里总会安放着　一杯咖啡的温度

一生挚念
从喜欢到热爱　是怎样的体验？
听听这一段讲述吧
故事里娓娓道来　一位师者的至情

视频文稿

我上小学的时候，那个老师就像我妈妈，给我很多温暖。在我成长中老师因人施教，给的这些动力非常有用，非常之好。所以我就觉得，我是不是也能做这样的一个人，就是我也去培养学生，做学生的知心人。

【同期声】秦静　山东大学数学院教授

要考大学的时候，我就立志当个老师。

我觉得老师和学生（相处时）你不要觉得学生还是小孩，学生首先是一个独立的人，他有他的思想，他有他的想法。无论他想的和老师的想法一致还是不一致，你都要理解他，你要站在他的角度去想他为什么有这个想法。如果你能设身处地地为他想，理解他，他也会把最美丽的语言给你，所以我觉得我和学生相处最重要的一点就是我能理解学生。

从我自己的心理上，我觉得高校老师是应该或多或少搞点科研的。我的专业是密码学，我经常讲线性代数这门课，讲到线性代数逆矩阵的时候，我就给同学举个例子：破密码，逆矩阵可以加密，选一个挺有意思的语句，矩阵加密求逆就能解密了。学生一听觉得很有意思，所以科研促进了我们的教学。

反过来教学它对科研也是一个推动，有时候你教学生，学生就会问你，说老师你（讲的）这个有什么用？这时候你找一个科研里头的例子，比如说讲线性代数，讲方程组，就这个网络配置问题，就是网络你带宽放多少。你举一个这样的例子，学生觉得原来这个很简单（的知识点），解决的是很大的科技问题。

从我 2001 年读博士开始到现在快 20 年了，没有把科研放下，而且是逐步地慢慢地往上进。我觉得首先是认识，然后是下功夫，再一个是不能着急。科研的东西它就是不容易，特别是你想做一个好一点的成果，要沉下来，数学院给了我非常宽松的环境。

我们数学院有一个 801 室，我觉得快成了山大的网红咖啡室。你要跟老师们谈个问题，坐在那里喝个咖啡这样聊一聊，能碰撞出思想来。从咖啡室的建立，你其实可以体会到数学院领导的管理的理念——他不是管你，他是服务你，他让你很舒心。我们书记和院长说的最多的话，就是老师感到舒心是他最大的成功。这种管理理念他不强压你什么，所以你干什么事情的时候不用着急，你也不用担心干不成怎么样，你的经费怎么样。

所以我就觉得你只要是想干，你就慢慢地，学问它不是一蹴而就的，我可以潜下心来用很多年建这一门课。我的专业主要是设计那种协议，我可以用很长的时间慢慢地去琢磨它，没有太多功利的压力。因为我很放松，环境很宽松。我觉得这些年，无论是教学还是科研，已经出了一些很好的成果，所以我就觉得很幸福。

原来的时候我总说我喜欢当老师，这么多年下来我觉得“喜欢”这个词不太够，其实就是两个字——热爱，最重要的就是我热爱这份事业。

视频刊播于 2020 年 9 月 10 日

夕阳下的知新楼

薛其坤：心中的雕塑

矗立如歌　沉默似诗

视频文稿

不用推演历史的碑文，无需翻阅发黄的书页，伫立山大校园，静默仰望大师的雕塑。那些高贵的灵魂、伟岸的风骨，那些目光中婉转的、博爱的芬芳，便穿越人间沉重的沧桑，熟悉地向我们走来。那些深邃的思想、闪光的梦想，那些指尖上流淌的真理的光芒，便漫过隔世沧海，氤氲着山大校园里的每一寸时光。

凝固的时间还原，沉默的遗愿唤醒，字里行间，都是大师殷殷的祈愿。叮嘱着那些校园里来来往往的人生，慰勉着那些飞舞的歌唱的信念，呵护着那些奔跑的理想。学着大师的样子，一群一群行走的思想，奔跑成新的一束束亮光，在大师期许的眼神中上岸。

今天开始，山大校园，雕塑和我们，一起集结，将校史摇曳成一面“为国育贤”的旌旗，在人类文明的星空猎猎高展。

（朗诵者：中国科学院院士、山东大学光学系1980级校友薛其坤）

视频刊播于 2020 年 10 月 14 日

山东大学 120 周年校庆公告

百廿山大　强校兴国

视频文稿

东临黄海，南望泰山。1901 年，山东大学秉章程办学，开中国近代高等教育之先河。承齐鲁文脉，为天下储人材；融中西学术，为国家图富强。

春秋迭代，初心如磐。百廿山大数经变迁，几度分合，历久弥坚，薪火相传。新世纪伊始，三校合璧开启新篇章，百年跬步迈向新征程。学无止境，气有浩然。百廿山大与国家同呼吸共命运，顶天立地，学术报国，塑“崇实求新”之风骨，成“文史见长”之特色。春华秋实，树蕙滋兰。百廿山大坚持“为国育贤”，培养各类人才逾 60 万，造就大批学术名家、兴业英才、治国栋梁，“扎实、朴实、踏实”的独特品格赢得广泛赞誉。

欣逢盛世，奋楫扬帆。在新时代的历史方位下，山东大学扎根中国大地，厚植齐鲁沃土，立德树人、守正创新，追求卓越、只争朝夕，深入实施“人才强校、学术兴校、服务山东、文化引领、国际化、一体发展”六大战略，努力实现“由大到强”的历史性转变。积力所举，则无不胜；众智所为，则无不成。2021 年 10 月 15 日，山东大学将迎来 120 周年华诞。我们将围绕“百廿山大　强校兴国”主题举办系列庆祝活动，以总结办学经验，砥砺初心使命，弘扬山大文化，汇聚磅礴力量，加快推进中国特色世界一流大学建设，为实现中华民族伟大复兴作出山大贡献，以优异的成绩向中国共产党成立 100 周年献礼！

万千俊才，浩浩气象；百廿学府，熠熠辉光。在此，谨向长期以来关心支持山东大学的各界朋友致以崇高敬意，向世界各地的山大校友致以亲切问候！诚邀四海友朋聚首山大，赓续情谊，共襄盛举，同谱华章！

特此公告，敬祈周知。

视频刊播于 2020 年 10 月 16 日

平安回家

纸短情长　见字如面

爱你，离开之后尤甚
每当伏案，悬腕执笔
我便向你神驰而去——

文史楼，那间教室
依旧装满了年轻的容颜
推门照见当初那群懵懂少年

小树林，走览四年
后在梦里寻觅四十年
还把不大的校园穿行千万遍

字如人，我笔耕一生
把你的教诲藏锋于每个字间
横平挑昆仑，竖直能擎天
学无止境，气有浩然

写眷恋，用柔软的笔尖
柔不过对你的思念
飞笔走墨，不及与你相见欢
纸短情长，见字如面

视频文稿

【同期声】常平安 山东大学中文系 1980 级校友 著名书画家 书画评论家

我 1984 年毕业，老家是在河南省新郑市，那儿有 800 年的裴李岗文化，有 5000 年的黄帝文化，还有 2700 年的郑韩文化，这块土地潜移默化地滋润着我。

我从小就喜欢书画，包括音乐，包括武术等等，十里八村都知道那个村有一个小孩写大字写得很好。原来的梦想就是当作家，要上大学，1980 年以河南新郑文科第一名的成绩报考了山东大学中文系。

可以说，山大一草一木、点点滴滴给我留下了很深的印象。

【现场同期】常平安参观母校山东大学

咱们这个院原来院墙都没有，那时候图书馆还没建，这个地方我去的比较多，尤其是冬天，下面是一片白雪，树上也有雪，我就在这里面练武。

【同期声】常平安 山东大学中文系 1980 级校友 著名书画家 书画评论家

记忆最深的就是小树林、文史楼，当年我们就在那儿上课，历历在目。现在好像比过去要明亮多了，难忘啊！毕业以后 30 多年了，不说沧海桑田吧，经历了很多很多。

作为书法艺术来讲，山大让我一步一步地走上了正规的道路。我们山东大学的书法研究会我应该是第一届会员，那时候会长就是我们蒋维崧先生。这些年来，取得了一些成绩，担任了一些社会职务。现在想一想，非常感谢山大，现在我还担任山东大学河南校友会的会长，我永远也离不开山大。

曾经有一次我们开着车从山大北门进，然后从南门出。一出校门的时候，我说我真想哭，特别想跪到学校大门口，大哭一场。就是那种久别重逢，看到了母亲，没说几句话就走过去了，忍住别哭，但是又忍不住的眼含热泪。真是发自内心的一种积淀，一种冲动。

非常感谢山大对我的栽培。

【字幕】

常平安，山东大学中文系1980级校友，著名书画家、书画评论家，中国书法家协会会员、中国美术家协会会员、河南省美协理论委员会主任、郑州市美协副主席，山东大学河南校友会会长。

视频刊播于2020年10月25日

大学之本

大学之根　以本为本

化成天下，文心是本
固执本质，乃成厚学，不采华名
穷通宇宙，理心是本
坚于本体，方能思辨，不受虚言
博施济众，仁心是本
持守本意，而有悲悯，不听浮术
大国重器，匠心是本
修刻本源，自可笃行，不兴伪事

为山者
基于一篑之土，成千丈之峭
凿井者
起于三寸之坎，就万仞之深
树人者
生于幼芽之根，发青春之荣
育心者
源于梦想之种，致未来之远

视频刊播于 2020 年 11 月 3 日

视频文稿略

地纬的奉献

通联经纬　开创天地

当城市的躯体日益温暖
灯火万家，善解人意
那不是钢筋水泥的智能禀赋
是许多人，夙夜勤勉
让科技有了心灵
懂你也懂我

当信息的身影穿梭飞舞
盈盈阔步，翩翩惊鸿
那不是讯息故事的天生矫健
是许多人，开路跋涉
走通地球的村落
连起这与那儿

当网络的天地不再缥缈
仓廪充实，安全可依
那不是虚拟空间的厚德诚信
是许多人，忠实守卫

铸造世界的盾铠
保护着未来

许多人
就是这些人

视频文稿

【解说词】

2020年1月27日，正月初三，正是新冠肺炎疫情肆虐之时。济南疫情排查工作异常繁重，由于没有信息系统支持，信息的报送、整理全都依靠人工进行。从市县到乡村，数以千计的工作人员马不停蹄，加班加点。

受济南市政府委托，在人工智能、区块链深耕多年的山大地纬公司，承担起数据直报系统的开发工作。顾不得疫情肆虐，顾不上还处于春节假期，短短3天，就有30多位工程师克服困难，返回济南。

【同期声】张玉波 山大地纬软件股份有限公司智慧政务中心副总经理

最大的困难就是关于团队怎么能够组建起来，交通当时已经停摆了。能回济南的（员工）组织起来，另一部分要远程办公。整个平台的研发，政府并没有给予一个严格的时间要求，我们团队的每一个成员都想尽快的完成平台的开发，让平台尽快上线。（大家）加班加点，每天晚上工作到两三点钟，早上七八点钟再爬起来。我们希望让这个平台，让整个疫情信息的对外发布更快一些，为整个城市的防疫，也能做一点微薄的贡献。

【解说词】

心有所向，行有所成。在接受任务仅仅一周之后，山大地纬完成系统开发，十余项指标可以从村直报到市，这个时间比过去缩短了 70%。

【同期声】王玮 济南市大数据局党组成员

济南疫情防控平台大幅提升了我们疫情信息的采集和报送效率，为济南市打赢疫情防控阻击战提供了强力的技术支撑。

【解说词】

临危受命，以技术服务社会，这只是一个小小的缩影。作为“山大校企系”企业，一头连着“象牙塔”，紧紧跟踪学术最前沿；一头连着社会需求，以服务国家重大战略和区域发展为己任，山大地纬将产学研用紧密结合，为山东新旧动能转换、“放管服”改革、“数字济南”建设提供技术支撑。

人们都知道，去政府办审批要带着各种证照原件。而在济南高新区政务服务中心，办社保业务时，只要手机上安装一个“数字保险箱”，无需携带原件，提供里面的数字证照就可以了。

【同期声】陈波 济南市高新区管委会办公室副主任

我们打造了“区块链 + 政务”服务平台，将政府部门签发和采集的各种证照、各种证明和备案材料，进行数字化以后自动存储到个人和企业的专属数字保险箱，个人和企业到政府部门办事的时候，他在手机端出示数字保险箱当中的各种证照材料即可。

【解说词】

数字保险箱的发明，离不开山东大学王小云教授的密码学研究成果。王小云教授先后破解了美国两个号称最难破解的安全密码，并主持设计了密码算法的中国标准，极大提高了我国信息系统的安全性。山大地纬在区块链研发中全面运用这种加密技术，开发出无法篡改数据的数字保险箱。

【同期声】郑永清 山大地纬软件股份有限公司总裁

区块链里边信息的独有特性叫不可篡改，也就是说（证照）这种传递下来，它就是有权威的，你无论往哪传，就是原图是真的，到谁手里都是真的。未来我们所有的有价值的信息资料，我们都可以变成数字件，存在数字保险箱里面，你使用的时候，提供的材料就变成支付材料了，办事情不再需要提供物理材料，你就可以在家里的终端自己提交你的办事材料，办完结果再反馈给你，不用（纸质）批文了，就给你一个区块链批文就行了。在（济南市）政府工作报告里边，就要把推广数字保险箱当成济南市的一个重大的事情。

【解说词】

扎根济南，服务山东，放眼世界，在山大地纬的不懈努力下，一系列科研成果不断转化。

2019 年，中国第一张医保电子凭证在济南诞生。在此基础上，全国首个全流程线上诊疗医院在济南建成，就医体验大大提升。

在智能用电领域，国内规模最大的用电信息采集系统得以建立，全国 1/8 电量信息得到科学、有序管理。

借此，山大地纬也成为济南最具发展潜力的软件企业。在今年济南政府工作报告中，3 次提到了山大地纬。7 月 17 日，公司再度实现新突破——成功登陆科创板，成为山东首家在科创板上市的软件企业。根据公司规划，山大地纬将力争在 2025 年全面达到中国软件产业领军企业水平，实现向行业互联网服务商的新跨越。

视频刊播于 2020 年 11 月 9 日

工地上的临时党支部

勇者无畏　行者无疆

我们站在一起
就是坚不可摧的堡垒

合力，红旗插在泥土里
向比路还漫长的远方飘扬
飘往天高海阔
播种信念，和炙热理想

来吧，脚跟矗在岩石上
向阳光无法抵达的深处探行
行至山穷水尽
擦干汗水，赏柳暗花明

坚持，实验室扎在工地旁
向难以开垦的学术原野拓荒
为之夙兴夜寐
不计耕耘，看大地的答案

得到答案
我们收拾行装
奔赴下一个战场

视频文稿

地下工程千变万化，条件错综复杂，咱们解决的问题都是非常复杂和困难的。支部建在科研一线，必须得打造一支有凝聚力、能打善战、思想统一这样一个团队，打不胜谁也别回去。

【同期声】李海燕 山东大学岩土与结构工程研究中心教授 广西华润治水现场临时党支部书记

我是2006年9月份加入岩土工程中心的。在接近20年的时间里，从最初的四五个人，到现在发展到接近500人的团队，这在全国高校来讲，（这个）体量也是没有的。2015年广西平南一个最大的矿山，它这个矿山三面环水，因为岩溶地区本身很复杂，为它透水提供了天然的介质条件，当时我们去的时候积水是6米多深，整个矿井都淹了。

【同期声】梁忠 华润水泥（平南）有限公司党委书记 总经理

询问了好几个单位，但是一直都没有（办法）解决这个问题。

【同期声】赵国东 华润水泥技术委员会秘书长

通过考察，我们认为山大有这个能力，但是对我们这个矿坑的特殊情况，能不能完全彻底地做好，实际也不是说完全有把握。

【同期声】李海燕 山东大学岩土与结构工程研究中心教授 广西华润治水现场临时党支部书记

因为它范围是5000亩，大范围的治水，说实话我们是第一次。

在李术才副校长的亲自安排部署下，我们勇挑重担。到现场第一步该怎么样弄，包括一些从勘察、设计、施工，包括实验室建设、注浆站建设等前期的准备，说实话意见不统一。当时李术才副校长交给我以后，我确实感到压力不是一般的大。我就想必须把这些党员先凝聚起来，原来（计划）是建党小组，我说这个得建党支部，叫临时党支部。

学习，还得要加强学习。一周三个会这是雷打不动的：一个技术分析会，咱们老师、技术人员都参加，现场咱们有临时会议室，全部搭好了；一个政治学习会议；第三个是安全会议。统一思想，不统一思想不行。鼓励大家面对困难我们应该怎么办，把他们的信心热情先鼓励起来。

【同期声】百定锁 华润水泥（平南）有限公司副总经理

以前我就认为山大的教授、研究生，这些都是比较娇嫩的。刚开始来的时候，我是带着这种疑问来跟他们合作的。以后我才发现真的是每天三班倒。咱们研究生、老师每天基本上都要坚守在工地上面，穿着工作服，穿着水鞋，那也是一身汗水、一身泥。这种精神是非常（值得）敬佩的。

【同期声】李海燕 山东大学岩土与结构工程研究中心教授 广西华润治水现场临时党支部书记

合同要求是 4.28 万立方米减水量。到 4 月份的时候，材料已经用了 2/3，但是这个水才减了 1 万来立方米。看到希望，真那样做，又破灭了；看到希望，真那样做，不知道（为什么）又破灭了……反反复复。当时我这个心里，说实话（很担忧），还有这么多水没治，越往上再进一步很难。所以说 4 月下旬我说不行，得停下来。

后来我就反复地考虑，根据原来我在矿区治水的一些经验，包括这几个月治水的情况，这事到底怎么弄？我就想到了一个纸浆垫工程。当时因为这个水在一个大集中出水点，这个出水点水量是 7.12

万立方米，出来就是一条大河。我说要把这个弄住，咱们其他几条径流就不用弄也完成目标了。

为了摸清大的出水点的具体形状，3米多深的水，一个共产党员跳下去两个多小时。到下边就是把这个具体形状摸清，然后上来再画个图。咱们的实验室是建在科研一线的，现场有问题通过现场实验室来进行试验。到2016年6月23号，用山大自主研发的材料把涌水点成功封堵，实际上咱们（治水）超了一倍，达到了8.43万立方米。

【同期声】梁忠 华润水泥（平南）有限公司党委书记 总经理

到现场看了以后非常肯定。由咱们钱七虎院士组成了一个团队，他们高度评价，这个效果达到国际先进水平，我们控股公司的领导（认为）这个是非常成功的一个项目，决定立一个碑。据我所知，在华润水泥里面这是第一个。

【同期声】李海燕 山东大学岩土与结构工程研究中心教授 广西华润治水现场临时党支部书记

二期（治水）就是直接总裁办公会定了。他说其他单位解决不了，只有山大能解决这事。去年年底成功解决二期以后，华润另外一个矿山合浦矿山，又跟咱们签了一个大单。所以靠党的力量来统一思想，提高境界，这是永无止境的。

【字幕】

岩土中心李术才院士团队，以党建促科研，在隧道与地下工程“突水突泥灾害”防控领域取得重要进展，服务230余项国家重点、难点工程，获得国家科技进步二等奖3项，入选“全国样板党支部培育单位”“全国黄大年式教师团队”。

视频刊播于2020年11月18日

我的“中马”党支部

育人铸魂　思政当先

我们站在一起
就是坚不可摧的堡垒

培植，把种子栽入心灵
深处扎根，向阳生长
秋天的枝头硕果金黄

冲锋，用思想武装头脑
敢作敢为，知行合一
奔赴新时代未知战场

引领，以信仰浇铸灵魂
系好扣子，端正衣冠
准备好践行幸福理想

我们的事业
是世上最宏伟的事业
我们的幸福
与千万人的幸福相连

视频刊播于 2020 年 11 月 21 日

视频文稿略

逐日·逐梦

追光逐日　寻梦问天

八分钟光程
是神话里，夸父奔赴的距离
蕴藏着所有生物诞生演化的动力
是阳春，布德泽的因
成万物，生光辉的果
我们愿穷尽这生命，开采银河的神秘

黑子到光斑
是地球上，一切面貌的缔造
四季更迭的源头，昼夜交替的本质
给大地，春天的企盼
给人类，发亮的眼睛
我们就用这双眸，巡览天际的壮丽

未知与梦想
是当代逐日者，最贪婪的渴求
星空的一抹浩瀚，人间的万丈璀璨
探究她，在天海的交线
追踪她，在玛珈的峰顶
我们就攀越这山海，敞亮宇宙的胸怀

视频文稿

太阳爆发是太阳系最为剧烈的能量释放过程，一次典型爆发可以释放出10亿至百亿颗原子弹爆炸当量的能量。在地球开启“流浪”模式之前，一定要充分认识太阳系中的天体以及日地空间环境。

【同期声】陈耀　山东大学空间科学研究院执行院长

太阳是我们整个人类生存和文明发展的基本依托，它的活动自然会影响地球和地球上的人类。大家应该都看过《流浪地球》，这是一部以太阳急剧老化为背景的科幻电影。

【电影《流浪地球》片段】

为了让更多的人活下来，联合政府决定将整个地球推离太阳系。

【同期声】陈耀　山东大学空间科学研究院执行院长

根据现在的科学理论，太阳其实正处于非常稳定的状态，而且这一状态还会持续几十亿年，所以大家不用担心太阳会提前毁灭。但是，短时间内发生的太阳爆发活动，对于越来越依赖空间卫星设施的人类生活，的确有着直接的影响。

我的团队现在主要就是通过射电波段对太阳活动、日地空间进行探测和理论研究。透过射电波段来观测太阳，它并不总是温和平静的，经常是激烈甚至是暴虐的，这就对应于太阳爆发活动。在太阳爆发期间，经常会有大量的物质喷出，会有大量的高能粒子喷出，射电波段可以很好反应这些爆发活动，能够获得这些爆发活动的演化和特征，对我们研究太阳活动造成的日地空间灾害具有非常高的价值。

以往，我们缺少高水平的观测设备，使用的主要是国外同行准备好的科学数据。利用这些科学数据进行观测分析，进行科学研究，实际上使我们经常处于一种被动式的研究状态。

从 2013 年开始，我们空间科学研究院转入实体化运行阶段，同步进行了科研体制机制改革，在一定程度上打破学院的界限，把原本隶属于理科和工科等不同院系的研究力量整合在一起，实行团队作战。我们团队根据科学问题，根据国家的需要，开展空间探测技术和装备研发，以及实验室的建设和研究生的联合培养等等。

目前，我们已经在荣成槎山建立起太阳射电观测站，记录到一些高质量的太阳射电爆发数据，成功申报和发表了一批技术专利与科研论文，并且承担了国家重大科学基础设施子午工程Ⅱ期的建设任务。这些成果让我们团队信心大增，使得我们坚信，通过学科交叉融合，建立重大科研装置研发，自主数据的观测分析以及理论建模研究，这样一条方向和路径是正确的。

空间探测技术发展和空间物理创新研究都是长周期的过程。要想有大的突破，能够引领学科的发展，至少还需要 5 到 10 年的时间。板凳甘坐十年冷，做基础科学研究的确需要坚持和毅力。但在科学探索的征程中，揭开未知面纱，步入“无人区”进行开创引领的诱惑，在面前不断展现的各种可能性，这些都使得科学研究的征程并非是枯燥乏味的，而是充满着刺激、充满着期待和希望！

中国的空间探测和科学研究的力量正在迅速加强。我们坚信，在这个过程中，一定会有我们的山大力量、山大贡献。

视频刊播于 2020 年 11 月 29 日

李小鹰：时光的渡口

吾心安处　从此故乡

视频文稿

七月的渡口，风中飘扬的学位帽，谱写一曲曲离歌，渐行渐远。九月的船舷，浪潮渐行渐近，晕开一层层奔腾的时光。每年暑期，风，都会送别稚嫩的梦想；雨，都会润写崭新的誓言。

校门如船，载，人来人往；随，潮涨潮落。被岁月恩宠的往事在岸边，依旧从容地浣纱。

流水叙说着梦想的鲜艳，船舷吟诵着往昔的不甘。相逢与离别，每一次来来往往的漂洗，都留下一地刻满丰饶记忆的底片。每一张底片上，都层叠着许多的梦，许多的歌，任何一阵记忆的风，都能蘸着岁月的雨，冲洗出离别的愁颜、相逢的笑容。

（朗诵者：山东大学医学 1982 届研究生校友李小鹰教授）

视频刊播于 2020 年 12 月 2 日

我和我的山大

践行使命　山大有我

紧握接力棒
回首这些年

我和我的山大
是笔与纸的关系
我曾怎样书写
她便如何作答

埋首于千万年前的尘土
小心翼翼，拂去历史的迷雾
满屋的石头，用静默回答
中华文明，何以博大精深

搏击于先进科技的前沿
追问生命，破解呼吸的奥秘
一次次测试，用数据回答
科学之温，来自对生命的珍视

躬身于偏远落后的土地
献策出力，解决发展的难题
捧一抔乡土，用笑容回答
全力以赴，回应美好生活向往

若是有人问：
这些年，山大做了什么？
答案很长，
全体山大人，聚沙成塔；
答案很短，
早已铭刻在大成的石上。

视频文稿

【同期声】方辉 山东大学历史文化学院院长 教授

考古学是以实物来研究历史的一门学问，最吸引人的地方就是你永远不知道你会发现什么。

“十三五”期间，我们的每一项发现都是独一无二的。焦家遗址是2018年的十大考古新发现之一。我们发现了大汶口文化时期的墓地，而且包括它的城，包括棺椁制度，可以说在鲁北地区是填补空白的。就在两个星期之前，我们有了世界考古年度新发现——灵井鸟雕的发现，一下把雕塑的历史提前到了13500年。以田野考古为基础，又及时地拓展到了科技考古领域，我们走出了一个我感觉成功的路子。

习近平总书记在“9·28”讲话当中提出了要建设中国特色、中国风格、中国气派的考古学。无论是在“十四五”，还是在未来的发展当中，加强我们的中国考古学的国际话语权，我们大有可为。

【同期声】刘淑琴 山东大学电气工程学院教授

2020年年初新冠肺炎爆发，我们国家在ECMO（人工肺）这方面是个空白。我们团队从春节起就没有休息，我们就开始上班了。德国的迈柯唯，国际上都认为它是最好的，那我们做的就和它的曲线都能一样，所以这时候我们才宣布这个设备真正的行了。

最大的感受就是我们山东大学有这么多学科，而且这几个学科都很强，你看我们的磁悬浮在电气这一块，机械学院在流体力学都很强，加上齐鲁医院的医学也强，还有我们的材料（学科），我的感受是我们山大还是变化很快的。

国际上，因为我们和它已经几乎是平等的了，我们就知道它的技术缺陷在哪里。我们能把这个设备做到世界第一，这应该不是句空话。

【同期声】于德宁 山东大学派驻河南省确山县老臧庄社区第一书记

5年来，我们共投入了将近1500万元的帮扶资金，加上我们老臧庄全体村民的共同努力，把一个国家级的贫困村，变成了我们现在平安、和谐、宜居、美丽，一个社会主义的新农村，在小康路上我们一个都没有掉队。

【同期声】杨曼琳 山东大学第二十二届研究生支教团成员

在我到来之前，这个学校没有英语老师，英语老师都是由各个班的班主任去担当的。从某种意义上来说，我是这个学校第一位英语老师。我们每个人的力量可能是微不足道的，但是我们一代一代地汇聚下来，我觉得点滴也能汇聚成大海。

【同期声】徐文忠 山东大学扶贫干部 河南省确山县副县长（挂职）

今年我们学校 13 个学院，一个学院对接帮扶一个乡镇。从基层党建到工业技术指导、旅游规划、中小学教师培训，将来我们的学校都会做大量的工作。下一步乡村振兴也会打造山东大学确山帮扶的品牌。

【字幕】

回眸“十三五”，脚踏实地谋发展；展望“十四五”，奋发有为谱新篇。服务国家战略，山东大学在路上。

视频刊播于 2020 年 12 月 24 日

李明华：学子的梦田

山海形陈　百廿恒蕴

视频文稿

我把你别在心口上，你收藏着我的过往。

校徽是母校捧出的一捧土，川流着“为国育贤”的血液，流贯着 120 年的脉络。

那里春意盎然，那里草绿花艳，那里最美的青春，与最美的人生结缘；

那里山高路远，那里日月经天，那里高扬的真理，与不朽的传奇相伴。

自从踏上那片土地，便打上梦想的墒垄，种上书声和初心，灌溉晨曦日暮，雨雪风霜。发芽，长枝，开花。

偏旁部首的每个转弯之处，都长满郁郁葱葱，色彩斑斓的故事，积淀成莘莘学子，最为牵挂的家园。

校徽是学子的梦田。一生的心愿，都在那四个字上，生长攀援。

（朗诵者：中国运载火箭技术研究院党委书记、长征五号运载火箭第一总指挥、山东大学数学系 1980 级校友李明华）

视频刊播于 2021 年 2 月 3 日

扶贫答卷

山乡巨变　山大担当

于书记来到这儿，有一千多个日夜了
习惯了天不亮就起床
走在田垄上
淡淡薄雾里，地瓜苗长出来
傍着去年的遍地犁痕
“日子还有些苦，但红薯是甜的啊”
他磨破了嘴，磨破了鞋，把甜甜的薯干
运给山外边儿，总好吃点儿山货的人
老乡儿们讲：于书记好把辛苦咽下嘴里
一开口，说话总是甜的

周婷婷今年六年级了，她喜欢上了英文歌
山坳坳里，一群星星般的孩子
他们跑，云就跟着跑
他们唱歌，风就唱歌
群山起伏，像一座激动的大教室
婷婷在作文里写
“春天来了，椴木生长得挺拔
爸爸说，他们的小提琴厂又有好板材了

新来的老师，教会我们说英语
我想让全世界的人，都听到确山里传出
春天的奏鸣曲”

臧大叔其实还不到五十，腰已经弯了
头发差不多都白了，那些年光景难啊
如今他和臧大婶可精神多了
眼眸子发亮，逢人聊天儿
讲的都是“温度湿度”“蛋白含量”“营养价值”
他们学上了养白玉蜗牛，一年收入多了好几万
叔说，多亏了那些位大专家大教授
手把手教怎么垫料、控温、遮光、投喂
婶子高兴得含泪：
让我们生活有希望咧，有盼头哩

这是不同人苦辣酸甜的故事
这是一群人的故事
把贫困换了甜，换成歌，换成希望

视频文稿

【同期声】于德宁 山东大学派驻河南省确山县老臧庄社区第一书记

2018 年 8 月，受学校的委派，我来到河南确山老臧庄社区挂职驻村第一书记的工作。我们学校对老臧庄社区的帮扶是从 2015 年开始的，到目前已经有 5 年的时间，5 年的变化是非常大的，表现在各个方面。

教育这块，老臧庄小学可以说已经发生了翻天覆地的变化，这种变化不仅仅是在校园建设上，更主要的是在我们老臧庄对教育的理念变化上。升学率也逐渐地提升，每年考上大学的孩子们也越来越多，支持教育的思想在我们社区里边已经形成。比如，我们每年臧氏家族开展金秋助学活动，我们的党员，我们的乡贤，自己拿出钱来奖励我们上大学的孩子。

脱贫攻坚对我们国家来说也是一个前所未有的攻坚战，基层的情况五花八门，而且群众的思想也是千差万别。作为山东大学来说，我们是搞高等教育的，发展产业不是我们的优势。但是我们有 60 万校友，在校友里边有好多的涉农企业，可以发动校友来支持母校的帮扶工作。通过目前的发展来看，有一些项目已经取得了很好的成效。像我们的白玉蜗牛的养殖，贫困户通过这个项目就可以每年提升几万块钱的收入，他们就已经达到了脱贫的标准。

【同期声】河南省确山县老臧庄社区宋东村村民

于书记真是个大好人，没少做好事，在我们这里是实实在在做的，实实在在地帮扶我们，做的是好事。生活质量有盼头了，感觉到有希望了。

【同期声】于德宁 山东大学派驻河南省确山县老臧庄社区第一书记

精准是我们山东大学帮扶采取的一个根本的办法，下一步，我们会把这些好的项目再扩大范围，让更多的村民参与其中，稳固脱贫成果，实现从小康到致富的进一步迈进。

【同期声】徐文忠 山东大学扶贫干部 河南省确山县副县长（挂职）

今年我们学校这种一个学院对接帮扶一个乡镇的做法，我觉得是一种创新。同时，我感觉是山东大学对确山的一种帮扶力度的加大。一开始从学校层面，现在深入到学院层面。从今年疫情好转以后，咱们学校13个学院都来过确山，和确山县的乡镇进行对接帮扶工作。从基层党建、工业技术指导、旅游规划到中小学教师培训、健康数据中心的成立，在这些方面，我觉得将来我们的学院都会做大量的工作，下一步，乡村振兴也会打造咱们山东大学的确山帮扶的品牌。

【同期声】周敏 河南省确山县老臧庄小学校长

说句心里话，我觉得包括我们的老师，包括我们的学生，包括我们老臧庄社区的全体居民，对山大都是非常感谢的。如果没有山大，今天的学校也不可能变成这个样子。包括这些年我们的教学成绩也在稳步提高，这都得益于山大对我们的帮扶。

【同期声】路耕 河南省确山县委书记

定点扶贫使确山县与山东大学血脉相连，近年来，有近300名（山大）师生被选派到我县，直接参与了教育、健康扶贫和驻村帮扶等工作。下一步，我们将全面巩固脱贫攻坚成果，努力把老区建设得更好，让广大群众过上更加美好的生活，向全县人民交上一份满意的答卷。

【字幕】

脱贫摘帽不是终点，而是新生活、新奋斗的起点。山大人将秉承“上下同心，精锐出战，精准务实，开拓创新，攻坚克难，不负人民”的脱贫攻坚精神，把促进全体人民共同富裕摆在更加重要的位置，脚踏实地、久久为功，向着这个目标更加积极有为地努力。

视频刊播于2021年2月28日

华岗与《共产党宣言》

追求真理　照亮前途

其实　他是一名战士
在滂沱四方的革命洪流里
他不要杀人的枪，他也不要仇敌的血
瞄着信仰的准星，压紧意志的弹膛
《宣言》是一颗夜幕里的燃烧弹
照出“全世界无产者”的天空

到底　他是一个学者
在知识与真理的苍茫空地
收拢每一粒思想的金砂
聚集每一块学问的璞玉
也不拒绝每一片小小的砖瓦
建成一座叫《文史哲》的重镇

终究　他是一位老师
像一座哺育江河的高山
不为盛名而来，不为低谷而去
师之所在，道之所存
如他少年的理想，为家国之脊柱
如他选择的笔名，成中华之峰岗

视频文稿

山东大学档案馆珍藏的这本《共产党宣言》，是中国共产党成立后出版的第一部《共产党宣言》中文全译本。翻译这本《宣言》的，是山东大学原校长——华岗。

【解说词】

在上海，这块石碑记录的是中国共产党早期一段波澜壮阔的理论宣传斗争。

“四一二”反革命政变后，为了扩大马克思主义宣传，1929年，党中央明确提出，要建立书店、通讯社、剧团，编译新书刊物，公开扩大中国共产党的影响。

重新翻译《共产党宣言》，正是其中一项重要的工作任务。

【同期声】华丹坡 华岗女儿

1920年，陈望道翻译了第一个《共产党宣言》中文全译本。1930年，革命形势发生了很大的变化，轰轰烈烈的大革命也结束了，客观形势需要重新再翻译一下《共产党宣言》，党组织就把这项任务交给了华岗。

【解说词】

华岗，1903年出生于浙江龙游，先后就读于浙江省立第八师范学校、浙江省立四中高中部。在校期间，主编进步周刊《火曜》，并翻译介绍马克思主义的文章。受中国共产党早期青年运动领导人恽代英、杨贤江等人的影响，1924年秋，加入中国共产主义青年团，1925年加入中国共产党，走上革命道路。

1928年在莫斯科出席中共六大返回上海后，按照1888年恩格斯亲自校订的英译本，华岗开始重新翻译《共产党宣言》。此时的上海，正笼罩在国民党反动派的白色恐怖下。

【同期声】华丹坡 华岗女儿

国民党反动派在上海到处抓捕共产党人，他只能在夜深人静的时候，在昏暗的灯光下，凭借一本简单的英汉字典，一个单词、一个单词地逐句翻译，有时候一个晚上就要转移好几个地方。

【解说词】

工作千头万绪，翻译工作也异常艰辛。在艰难险恶的环境中，华岗以学者的严谨赤诚，认真完成每一字、每一句的翻译，力求准确、科学。

【同期声】杨金海 中央编译局原秘书长

大家知道最后一句话，陈望道把它翻译成“万国劳动者团结起来”，华岗这个译本就翻译成“全世界无产阶级联合起来”，跟我们今天的译文就相当接近了。所以他的整个的译文是比较顺的，比较科学的，比较准确的。

【解说词】

1930年年初，英汉对照《共产党宣言》由上海华兴书局秘密出版，封面署名“华岗译”。这个译本在国统区和解放区陆续出版了7个版本，为广大青年提供了理论指引，使其投奔革命，成为共产主义者。

【同期声】华丹坡 华岗女儿

1934年，（瑞金）中央苏区的大礼堂上就挂着这个标语口号，“全世界无产阶级联合起来”，就是从他翻译的译本里取出的这句话。

【解说词】

新中国成立后，华岗担任山东大学校长，十分重视马列主义的传播。1950年，他首开讲座，每次用4个小时讲解如何学习“共同纲领”，广受好评。此后，华岗接连举办理论报告会，不仅面向全校师生，也引得当时地方党政机关工作人员前来聆听，“政治大课”一时盛况空前。

【同期声】李彦英 山东大学校史办副主任

“政治大课”影响非常深远，当时济南的《大众日报》、南京的《新华日报》、上海的《解放日报》都会派记者来，每当华岗校长的“政治大课”讲完以后，他们就会拿回去全版登出。

【解说词】

在华岗的带领和推动下，山东大学作为社会主义大学的建设步伐明显加快。创立《文史哲》杂志，开全国风气之先，首开“鲁迅研究”，奠定“文史见长”特色，成为山东大学发展的一段“黄金时期”。

如今，在山东大学中心校区世纪林，华岗雕像目光坚定，巍然屹立。在这殷切的目光中，一批又一批山大学子备受激励，在成才之路上奋勇前行，驰而不息。

视频刊播于 2021 年 3 月 3 日

“她”力量

柔情似水　豪气干云

收藏过你相机里，100 张照片
记录下那轻、那真
那娉婷、那庄严
所有那些难忘、那些转瞬即逝
你是美，是发现，是时刻的捕手
是春天的定格
未曾谋面的你啊
是我的眼睛，我的视线

欣赏你笔下，青春隽永的校园
翻译了草长莺飞
风的晏晏、燕的呢喃
还有先生的谆谆，学子的嗤嗤
你是笑，是诗篇，是星空的旋律
是故事的潺潺
不曾相识的你啊
是我的声音，我的歌咏

深爱你用全力，去爱的世界
是暖，是阳光，是三月的冰雪消融
是四月的鲜妍，是夜里的灯盏
是宝贝的李焕英
你总退在聚光灯的边缘
因为你站在爱的中央
你总想隐藏在鲜花掌声的背后
因为你要支撑起我的舞台

今天，谢谢你，亲爱的你

视频文稿

【解说词】

这是她今天拍下的第127张照片。为了定格时间的记忆，她已经穿行校园2个小时。

这是她今天录下的第118分钟声音。为了更生动地讲述山大故事，她要抓取更多角度，更多细节。

这是她今天敲下的第6851个字。只有修改到足够满意才能按下最后一个回车键。

这是她在活动现场前后穿梭第12回。为了不浪费一分一秒，运动鞋、运动裤是她的标配。

这是她今天对学校官网主页的第15次刷新。编发的每一篇稿件，都是点滴心血的凝结。

这是她今天第16次拿起电话。沟通、交流，只为发布出最准确的信息。

在微微的晨曦中，在深沉的夜色中，你总会看到这间办公室里透出的温暖的灯光，给人力量。全年365天，每天都有人在此值守。

她们是山东大学融媒体中心新闻网工作室的成员。团队中女性占大多数，但巾帼不让须眉，她们以铁肩担使命，凝丹心，著文章，每年写稿100余篇，编发近万篇，参与重大活动摄影500余场，采写典型师生榜样人物近百篇，推出20多个系列专题策划。连续8年来，每天不间断发布山大日记，多次荣获国家、山东省以及学校各类表彰。

发现山大之美，描绘山大之美，讴歌山大之美，从新闻现场到热点一线，从晨光熹微到星光漫天，他们无数次地把山大讲给你听。

【同期声】赵方方 山东大学新闻网工作室工作人员

2020年大年初一我们便全力参与疫情防控报道，能够用笔记录着每一个不畏生死、救死扶伤的感人瞬间，能够传播疫情防控正能量，我觉得自己为疫情防控尽了一份力。

【同期声】蒋晓涵 山东大学新闻网工作室工作人员

每一次采访或报道，看到山大人努力奋斗的样子，自己也可以从中感受到很多力量。

【同期声】谢婷婷 山东大学新闻网工作室工作人员

听到八九十岁的老先生，谈到学科发展还是充满热情，这些都很打动我，我也觉得有责任，让更多人知道这些故事。

【同期声】张丹丹 山东大学新闻网工作室工作人员

让人在为学校每一步的发展成就欢欣鼓舞的同时，也有一种与有荣焉的幸福感、奉献感。

【同期声】王莉莉 山东大学新闻网工作室工作人员

在这里和朝气蓬勃的年轻人一起工作，把握时代脉搏，感受新媒体融合发展的变革，可以记录学校具有里程碑意义的重要时刻，见证学校事业的发展。

【同期声】刘婷婷 山东大学新闻网工作室工作人员

大家都是女同志，相处得特别轻松，特别舒服，未来会面临很多的挑战，乘风破浪，姐姐们没再怕的。

【字幕】

在山东大学建设中国特色世界一流大学的历史征程中，她，她们，一起追逐梦想，踏浪前行，成就最绚烂的风景，谱写最优美的乐章。

在此，向万万千千的“她”，致敬！

视频刊播于 2021 年 3 月 8 日

交通先行者

开天先行　遁地敢当

在文明的发育期
地底都是最难以描述的存在
因目力所及，海洋与天空
有富丽堂皇的“龙宫”，有精彩绝伦的“飞天”
远胜于寥寥数笔的“遁地”传说

每种文化的敬畏里
地下是最伟大而坚不可催的存在
巨人安泰的力量，来自大地母亲
女娲可以补天，精卫可以填海
甚至夸父有追逐太阳的勇力
但没有人，能征服脚踏的土地

远古的声音里，大多喜欢说天庭的神仙
地表之下的隐匿
人类保持着沉默与避讳
今天，这一切都变了
这个故事的主角，叫“大国工匠”
穿山开路，入地交通

他们用严谨的汗，续写了浪漫的诗篇
他们用精确的血，擘画着无限的未来

新时代，人在缔造神话
“先行者”的坐骑，叫“大国重器”
向黑暗行走，往未知前进

它承着理想，强国之梦，烙印在地心
它载了使命，创新强国，镌刻于初心

视频刊播于 2021 年 3 月 23 日

视频文稿略

山仓：校园的老屋

青砖无言　时光成蹊

视频文稿

春风在老屋上播撒春天，时光的洪流，开始倒叙沧桑的校园。记忆从遥远的上游汹涌而来，在两个世纪的边缘泛滥决堤，淹没了黛瓦青砖。

缝隙丛生的青苔，带走了数不清的青春。青藤在历史的气息中，反复抚摸老屋的斑驳，试图撬开它的沉默，让它说出浴火涅槃的故事，远望呐喊的力量。

老屋默而不语，任凭时光在心头凝固。

校园在岁月的河中撑船，老屋的光辉，在丛生的日子里沸腾。高傲与谦卑对流，将老屋雕琢成桅杆，在静默中宣示生命的伟岸。风雨的故事一再涨潮，每前进一步，都会撞落一地湿漉漉的回声，绽开一地时间的痕迹。

生生不息的脚印，每一个脚印，都生成老屋的砖；来来往往的眼神，每一个眼神，都长成老屋的瓦。

前世左臂，今生右臂，老屋的臂弯里，满是天高地阔的怀念。

低头，大地。抬头，星辰。

（朗诵者：中国工程院院士、山东大学农学 1950 级校友山仓）

视频刊播于 2021 年 3 月 31 日

程璧：故事的驿站

花晨月夕　晴耕雨读

视频文稿

山大校园是记忆的渡口，是故事的驿站。

校园长椅像一叶叶小舟，静默在时光的岸畔。一届届的季节，一茬茬的时光。攀爬的思想，绵延的泪滴，裂变的烦恼，丛生的梦想。

还有四处散落的、未完待续的青涩故事，还有被孤独收藏年久失修的记忆。还有阳光里季节的斑痕，叶子里风的纹路。还有深一脚浅一脚的风雪，一朵朵一片片的风霜，都被岁月一件件一桩桩搬上长椅。

每当回望的目光，在苍茫的校园风起浪涌，长椅便开始升起记忆的风帆，起航。

浪花翻开的往事，跟着一路不停。一阵湿润的风，在包浆的帆上，鼓荡出忧郁的歌声。

遥远的海上的那船啊，请你一直不要靠岸。你要只在海天之间，向着远方航行。请你闪亮地驶向远方。

（朗诵者：独立音乐人、山东大学外国语学院 2005 级校友程璧）

视频刊播于 2021 年 4 月 22 日

听！校报里的声音

盛世芳华　奋斗青春

如果历史可以穿越
回到上个世纪
请让我去烽火连天的三十年代
生死存亡，匹夫有责
我愿用嘶哑的喉咙，歌唱战士的肝胆
我想以稚嫩的笔记，写下学子的昆仑

如果生年可以定制
请让我来到改天换地的五丨年代
筚路蓝缕，披荆斩棘
去生机勃发的土地上，播撒精神的麦籽
给充满希望的灵魂，开垦肥沃的前程

如果时光可以回溯
请把我送回天翻地覆的八十年代
真理巨轮，举帆启航
那掰开揉碎的文章中，思想激辩着思想
在跌宕起伏的书卷里，巨风拍打着巨浪
如果没有如果，又是多么幸运

生在这个举世瞩目的新时代
盛世芳华，奋斗青春
以千千万万单薄的纸页，聚拢高山之势
用万万千千连绵的字迹，哺育江海之远

视频文稿

1931年，《山东大学报》创刊，成为中国创刊最早的校报之一。创刊90年来，《山东大学报》忠实记录学校成长足迹，展现一代代山大人的家国情怀和社会担当。

【字幕】

20世纪30年代，日本侵略者入侵华夏，神州大地处处烽烟。1931年，山大师生成立反日救国会，通电全国。

【解说词】

倭奴内侵，国势阽危，敝会痛心内乱，自侮人侮，主张南北合作，共赴国艰，先以革命外交手段限日军实时退出，否则决一死战，敝会学生军抱定决心，愿为先驱，为国牺牲，死而无怨！

（摘自《本校反日救国会成立》，刊于1931年10月5日）

【字幕】

新中国成立，《山东大学报》更多承担起宣传组织群众投身社会主义事业的职责。

【解说词】

中国共产党的奋斗历史，首先就是中国人民由奴隶牛马变成国家主人翁的翻身历史，是中华民族摆脱半殖民地屈辱地位、求得解放的历史，是中国工人阶级领导广大农民及其他民主阶级联合奋斗共求解放的历史。

没有共产党，就没有新中国。

（摘自《华岗校长在本校学习党史动员大会上的报告摘要》，刊于1951年7月24日）

【解说词】

你们的前途是海阔天空，光辉灿烂。但是在前进的道路上，谁也不敢说，他永远遇不到困难。我以老大姐的身份，希望你们努力，忘我地努力，继承并发扬五四运动的爱国精神，不屈不挠、坚决斗争的精神，争取成为新时代中最进步的青年!

（摘自冯沅君《回忆五四——给青年同志的一封信》，刊于1957年4月27日）

【字幕】

1978年，着力推动师生思想解放，工作重点向教学科研转移。

【解说词】

构厦莲湖上，常闻学府名。耆英何博雅，新秀亦峥嵘。威会开风气，群言发正声。岂忧山势险，携手勇攀登。

（袁行霈《构厦莲湖上》，刊于1978年11月3日）

是非不辩不能明，多士欣然聚一庭。求是精神依事理，决疑标准验躬行。

（孙思白《诗一首》，刊于1978年11月3日）

【字幕】

进入新世纪，山东大学迎来新机遇。

【解说词】

当今世界的竞争说到底是科技和人才的竞争，我们要缩小与发达国家的差距，增强综合国力，就必须把科技作为强大的推动力，进一步实施科教兴国战略，加快科技的进步和创新，培养出高素质的人才。

（摘自艾兴《千年回眸与世纪展望》，刊于2000年12月27日）

我们感动于过去岁月的波澜壮阔，更憧憬着未来征途的豪迈昂扬。希望全体山大人以习近平新时代中国特色社会主义思想为指导，以实干赓续山大荣光，以奋斗助推学校发展，加快实现“由大到强”历史性转变，以优异成绩向中国共产党成立100周年献礼，为实现中华民族伟大复兴作出山大贡献！

（摘自《同心逐梦，奋力开创新甲子辉煌》，刊于2021年第1期）

【字幕】

2021年，是山东大学建校120周年。这是继往开来的新起点，凝心聚力的新机遇，也是强校兴国的新跨越。

征途漫漫，唯有奋斗。作为一个拥有90年报龄的党委机关报，《山东大学报》将继续勇往直前，继续服务好学校各项事业发展，为奋力实现学校“强校兴国”的宏伟目标贡献力量。

视频刊播于2021年4月23日

热血青年

青春激扬　矢志如磐

青春是
赵家楼的火，南湖的红船
江流不转之精神，毅然独立之气魄
青春是
周恩来为中华崛起，钱学森踏归国之路
冲决历史之桎梏，涤荡时代之积秽
青春是
鲜血播撒，山河处处
尊严觉悟，希望苏醒

青春是
雷锋们的舍己为人，郎平一记叩击绝杀
青春还是
中国南边的渔村崛起，长江入口的城市春来
青春怎能不是
蛟龙潜海神州腾起，墨子探空麒麟闪亮
青春也必须是
袁隆平一生耕耘的稻米土地，钟南山从未离开的生命战场

如今的青春里
唱跳 Rap 脱口秀，吃鸡吐槽“996”
微博抖音，直播带货，爱豆粉丝，干饭大厂
但青春里更有
八零后磨厚的肩膀，九零后变硬的翅膀
以及零零后奋力而特别的成长
青春从未褪去
为天下的炽热，为家国的担当

青春就是
一代代人，各种精彩
前赴后继，使命不枉

视频刊播于 2021 年 5 月 3 日

视频文稿略

致敬生命守护者

终身纯洁　忠贞职守

五月暖暖，燕帽弯弯
天使是你的名字
洁白是你的象征

谢谢你，总是假装忘记
自己是那样俊俏，最爱干净
于是坦然浸着血水，透着汗渍
原谅我，几乎未曾在意
你的双手多么细致，那样柔软
熟练的动作是穿刺，导尿和吸痰
缄默是美，永恒是爱
提灯是你的姿态
康复是你的光芒
寒暑不休，长夜难眠
来苏水的记忆里，永远掺伴着你的安慰
三分诊治，七分护理
生命的奇迹故事里，沉默留白都是你的帮助

每天，你保护我们
今天，我们向你致敬

视频文稿

【解说词】

不知你是第一个醒来，还是又彻夜未眠。你那样温柔双手，对抗疾患的碎石。你那样美丽迎面，铲除病痛的荒草。来苏水的气味，记录了清澈的时光。交班，嘱咐，接班，叮咛，敬畏生命，所以不畏艰险，至真至诚而至奉献。

白色的衣帽，映照无数黑夜的漫长，生死的角逐，温暖过多少冰凉的双手。误解过，却更为了被期待而无怨；焦怨过，却更为了被感激而无悔。他们中有的护士单膝跪地，路边抢救一位突然发病摔倒的女士，有的护士跪地抢救跳河轻生女子，有的护士用贴身温暖一个出生仅 10 天的新生儿，有的护士为心跳呼吸骤停老人接力按压，搏回一命。

善良是你不渝的使命，大爱是你最高的信仰。三分诊治，七分护理，给琐碎以耐心，在安慰中帮助。陪伴，相信治愈的希望，守护，演绎医学的奇迹。

2020 年新冠肺炎疫情突如其来，除夕之夜，吹角连营，白衣执甲，逆行出征。

展望医疗保健的未来，他们是最大的专业群体，最忠诚的康复卫士。守护泉城千万市民的安泰，照拂齐鲁万千家庭的康宁。

视频刊播于 2021 年 5 月 12 日

马大为：永远的小树林

叶的纹路　根的深邃

视频文稿

这片只属于山大的树林，叫作“小树林”。

这里，每一枝都贮满肥沃的岁月，每一叶都盛满蓬勃的时光。

这里，涌动着沧桑底蕴的浪涛，激荡着晶莹岁月的辉煌。

那娑婆的树冠，何尝不是数理大师的演算纸，春天萌生的求证，冬天撕掉的否定。反复求解，深度释义，在风雨坎坷中伸展，在烈日磨砺中攀升。年复一年的轮回之间，用时光培育着躯干的茁壮。

那缤纷的树叶，何尝不是文史大家的文字，研磨天光云影，书写春秋的诗意，勾勒古今的奥秘。天上或地上，飘满或铺满，翠青或金色的文史段落。每个文字的呼吸，都那么摄人心魂。

那挺拔的树干，何尝不是高远寥廓的信仰丰碑，雨雪风霜里，不变的坚守；荣辱沉浮中，坚毅的担当。不屈的精神在大地中涅槃，蓬勃的生命在蓝天永生，生命哺育着生命，信仰成就着信仰。

小树林，是山大学子成人礼的殿堂。稚嫩种子的渴望，代入伟岸的树干，力量和信仰被递送。迎风打开的憧憬中，梦想在高大的树冠上加冕，耀眼的光芒丛生，穿过无数的钦羡，灿烂海角天边。

（朗诵者：中国科学院院士、山东大学化学 1980 级校友马大为）

视频刊播于 2021 年 5 月 20 日

回家

历尽千山　心归故园

视频文稿

一条漫长的回家路
连山连海的渴盼
泪水弥漫的思念
全都涌往同一个方向

回家
只为找寻指缝间荡漾过的似水流年
只为丈量青春与记忆之间的长与短
只为唤醒小树林中光影斑驳的往事
只为吟唱草坪上随风摇曳的民谣
只为在知新楼、明德楼下相逢婉转如云的旋律
只为在共和楼、新兴楼前倾慕黛瓦青砖的风骨
只想依偎校门的臂弯，温暖沧海桑田的嗟叹
只想打开校史的封面，绽放灵魂深处的膜拜
只想宽解那倦依在花蕊中年轻的忧伤
只想摇落那搁浅在树枝上懵懂的爱情
只为在大成稷下广场上邂逅沸腾的青春

只为在雕塑前聆听雕刻时空的名言
只想仰望洪楼教堂上，那挂满思绪的云天
只想隔着岁月的门槛，与光阴的故事互诉爱恋

回家
只因母校珍藏着我所有的过往
一山一石　一砖一瓦　一楼一檐
一花一树　一草一木　一路一场
……

回家
只因学子的身上
灵动着母校的文脉
涌动着母校的基因

回家
只因母校擦亮我的未来
许我星辰大海
风雨中的每一次回眸
都能点亮梦想的图腾

回家
远足的学子
开始数着日子
母校的手指掐算着归期
把心跳连接你的呼唤
让呼吸扣紧你的挂牵

120 天的倒计声响
擂响了学子回家的鼓点

回家
从初心的萦怀启程
捋袖天地云月
激荡风起云涌
拂过山川旷野
撩开雨雪风霜
回家的旋律
从来没有像今天这样荡气回肠
母校
我要回家
就在你生日的那一天
母校
我要回家
与你一起种植新的时光
放飞新的梦想

视频刊播于 2021 年 6 月 16 日

新传人

肩担道义　笔著文章

你，愿意加入我们吗？

我们磨出一副脚板，跋涉磅礴逶迤
为言语，要“沾泥土”
为文采，还“带露珠”
为辞章，会“冒热气”
这是我们踏实而坚韧的脚力

我们打开一扇视窗，透视人间百态
为青山绿水，刻画美丽
为年华岁月，描摹容颜
为万家灯火，记录欢喜
这是我们犀利而温暖的眼力

我们开辟一条思路，接续历史千年
为春秋笔法，传承义理
为时代之声，彰显强音
为未来大道，宣明趋向
这是我们深沉而超越的脑力

我们握紧一支劲笔，守护公平正义
为善，与恶语抗辩
为真，与虚伪斗争
为美，与麻木抗衡
这是我们清隽而刚直的笔力

你愿意成为我们吗？

视频文稿

【字幕】

为什么要选新闻传播？

【同期声】李若涵 山东大学新闻传播学院 2019 级本科生

战地记者、调查记者……这些名字听着就会让人肃然起敬。

【同期声】万钊廷 山东大学新闻传播学院 2018 级本科生

因为可以接触新鲜事物，遇见更多的人，更多的事，让更多的人听到我们的声音，可以为时代发出呐喊。

【同期声】李泳志 山东大学新闻传播学院 2020 级硕士研究生

文字是有力量、有感情的，我希望以笔为剑，执笔为戎，用文字激扬正气、涤荡心灵。

【同期声】王若瑾 山东大学新闻传播学院 2017 级本科生

我喜欢拍摄，每个镜头都是青春发出的声响。

【同期声】刘林 山东大学新闻传播学院 2020 级硕士研究生

新闻是启迪人们思想的最好的工具，它提高人们的素质，使之成为有理智、有道德的社会之人。铁肩担道义，妙手著文章。

【字幕】

在山东大学新闻传播学院是一种什么样的感受？

【同期声】李若涵 山东大学新闻传播学院 2019 级本科生

在新闻传播学院，无论是知识传递，还是彼此交流，都会是畅快的、平等的、深入的。如果想开启一段充满活力的大学之旅，这里无疑是最好的选择。

【同期声】万钊廷 山东大学新闻传播学院 2018 级本科生

经过大一一年的学习，可以在专业基础上再去选择一个自己喜欢的方向。融合新闻、策略传播、大数据与智能媒体，把爱好作为未来的发展方向，在这里不再是梦想。

【同期声】李泳志 山东大学新闻传播学院 2020 级硕士研究生

和之前的师兄、师姐一样，可以选择去头条、腾讯、百度实习，也可以接触到中央电视台、新华社等等主流媒体，未来无数种可能，等你决定。

【同期声】刘林 山东大学新闻传播学院 2020 级硕士研究生

这里宜动，也宜静。既有得到 CCTV 表扬的微视频制作平台，可以充分张扬自我，也有让人增强文学素养、寻找心灵宁静的一方角落。

【同期声】唐中慧 山东大学新闻传播学院 2017 级本科生

我们有最出色的辩论队，有最出色的吉他社团、影视协会，也是校级媒体中最活跃的力量。我们让盲人聆听光影，我们遍访红色基地。多彩的生活，才是精彩的大学，对吗？

【同期声】王若瑾 山东大学新闻传播学院 2017 级本科生

有机会参加国际暑期夏令营，去欧美国家一流大学做访问交流，了解国外传媒发展最新动态。

【同期声】孙贝儿 山东大学新闻传播学院 2020 级硕士研究生

这是我们自己的“后花园”，在学校里，自己种菜，自己管理，既让大家体验耕种的艰辛，又可以感受收获的喜悦。

【字幕】

你最喜欢山东大学新闻传播哪些课?

【同期声】李若涵 山东大学新闻传播学院 2019 级本科生

计算机发展的前世今生，Phthon 语言，网络数据抓取编程，听着不大像新闻传播课程，但是确实就是我们在数字传播技术和应用课上学到的，这让我们更好地适应了网络时代传播新特点。

【同期声】孙贝儿 山东大学新闻传播学院 2020 级硕士研究生

宿舍关系怎么样? 哪个省份的老年“网红”最多? 我们尝试用大数据分析一切，研究传播规律，让数字变得更“好看”。

【同期声】万钊廷 山东大学新闻传播学院 2018 级本科生

这是我召开的一场新闻发布会，我是这场新闻发布会的新闻发言人，从我发布内容，到我的表情、语气，能得到计算机最精确的分析和老师最细致的指导，这得益于我们山大新传自己的虚拟仿真平台。如果你愿意，也请你有机会来试一试。

【同期声】王若瑾 山东大学新闻传播学院 2017 级本科生

网络舆情监测，我们不仅学习实时监测，也会学习如何分析预测哪些会成为热点话题，不仅仅长出一双“顺风耳”，更要有一双“千里眼”。

【同期声】李泳志 山东大学新闻传播学院 2020 级硕士研究生

一个学期，你就会成为航拍达人，8 个校区等你穿越，期待独属于你的精彩。

【同期声】邱凌 山东大学新闻传播学院副院长

我们培养的学生，具有扎实的理论基础，还有丰厚的实践功底，包括采、写、编、评、摄、录、播……十八般能力，是具有家国情怀、国际视野的高素质、全媒化、复合型、专家型新闻传播人才。

【同期声】王德胜 山东大学新闻传播学院党委书记

在全媒体时代，青年学子学好新闻传播专业，可以记录时代风云，推动社会进步，守望公平正义，成为堪当民族复兴大任的一代佼佼者。

【字幕】

新花绽放　薪火相传

视频刊播于 2021 年 6 月 27 日

坚守初心

人文化成　行稳致远

架起理想的桅杆
升起前行的风帆
坚守初心，引领创新
在思想解放的大地
再建一座文化重镇
绝不盲从
从不屈就
为英雄辈出的民族
培育当代学术大师

那不只是一行行文字
更是一部浩浩青史
闪耀着“家国天下”的抱负
那不只是一次次对话
更是一股学术思潮
激荡着“人文化成”的光芒
循着科学理论指引
勇做学术拓荒者、思想引领者、文化传播者

这就是《文史哲》杂志
是持续奋进的山大人
七十年来薪火相传，守正创新
是更加自信的山大人
新时代踏石留印，行稳致远

视频文稿

【同期声】郭新立 山东大学党委书记

1954年，刚刚毕业的山东大学学生李希凡与蓝翎的一篇关于《红楼梦》研究的文章刊登在《文史哲》杂志上。毛泽东主席看到文章后亲笔批示，赞扬它扶植“小人物”。这一年是《文史哲》杂志创刊第4年。

2021年5月9日，习近平总书记给《文史哲》编辑部全体编辑人员回信。信中肯定了《文史哲》在弘扬中华文明、繁荣学术研究等方面作出的贡献，提出了“深入理解中华文明，从历史和现实、理论和实践相结合的角度，深入阐释如何更好坚持中国道路、弘扬中国精神、凝聚中国力量”的重大课题。至此，《文史哲》杂志已创刊70年。

一本杂志为何得到了国家最高领导人的亲切关怀？今天，我们一起走近《文史哲》。

我身边的塑像就是无产阶级革命家——华岗，他是新中国成立后山东大学的第一任党委书记兼校长。华岗同志一生致力于追求真理，致力于马克思主义在中国的传播，致力于探求中国革命的道路。上个世纪30年代，华岗重译《共产党宣言》，《宣言》结尾首次被译为“全世界无产阶级联合起来”。任校长期间，他重视全校的马克思列宁主义理论学习，亲自讲授《辩证唯物论》等政治大课。1951年5月1日，在华岗首倡和组织下，《文史哲》正式创刊。这是在新中国成立之初，全国高等学校创办的第一本文科学报。华岗创办《文史哲》不仅是为了开辟新的学术园地，更重要的是通过《文史哲》打破旧有的学术模式，建立起在马克思主义指导下的新的学术范式。

《文史哲》杂志用马克思主义指导学术研究和学术转型，华岗认为，让人们接受马列主义最好的方法与途径，是自由讨论或辩论。这一时期掀起了“中国古史分期”“中国农民战争史”“资本主义萌芽问题”等学术研讨。可以说，上世纪五六十年代的《文史哲》是在一次次学术研讨高潮中度过的。这些学术探讨引发学界广泛瞩目，引领了国内文、史、哲等人文社会科学研究的潮流，形成了山东大学“文史见长”的办学特色，加快了党的理论创新步伐，推动了马克思主义中国化的历史进程。时任华东军区司令员的陈毅同志说：“山东大学创办《文史哲》是开风气之先。”

习近平总书记在回信中说，要“增强中国人的骨气和底气”。《文史哲》创刊70年来，在党的领导下，一直坚持马克思主义指导地位，以厚重的齐鲁文化为滋养，坚守鲜明的中国文化立场，扎根中国大地，研究中国问题，弘扬中国精神。这不仅是一本杂志的文化积淀和学术追求，更是中国特色社会主义文化自信在思想和学术领域的集中体现。

【同期声】王学典 《文史哲》杂志主编

郭新立书记刚才介绍了《文史哲》的办刊历史、文化积淀和学术追求。正如郭书记所言，习近平总书记在《文史哲》创刊70周年之际，能给《文史哲》全体编辑人员回信，不仅是因为《文史哲》是我国目前刊龄最长、最具代表性的人文社科学术期刊之一，更是因为《文史哲》一直坚持党的领导，与我们党同心同德、同向同行。

《文史哲》本身是我们党在新中国成立之初，在高等院校创办的第一份综合性哲学社会科学杂志。在那个新旧交替的重要时期，《文史哲》为推动马克思主义理论在学术研究领域的传播和占主导地位，做了大量引领性的工作，获得了广泛的赞誉和认同。

具有这样追求的一份杂志诞生在当时的山东大学绝非偶然，与构成这个学校的两大红色因素密切相关。一是我们党杰出理论家、党的六大代表、时任山东大学党委书记兼校长华岗。是华岗亲手创办了这份杂志，并亲自为这份杂志掌舵。二是当时的山东大学与我们党创建的根据地大学华东大学的合并。华东大学整建制并入山东大学，为山东大学注入了更强大的红色基因，也带来了鼓励学术争鸣、敢于挑战权威的风气，使得以李希凡为代表的一大批马克思主义“小人物”迅速成长起来，成为一支左右后来学坛的新生学术力量。

党的十八大之后，整个哲学社会科学事业进入了一个新时代，面对着一个新需求，这就是要告别西方中心主义，进行第三次学术大转型，用“中国化”的哲学社会科学体系来取代“以西方化为纲”的哲学社会科学体系。在这次学术大转型当中，《文史哲》通过举办系列“人文高端论坛”，评选年度“十大人文学术热点”，创办《文史哲》英文版，连续刊登学习“5·17 讲话”精神的笔谈稿件等等举措，使杂志在更自觉的状态下，再一次起到了一个有力的推动者、先行者的作用。

《文史哲》杂志的 70 年是与我们党同行的 70 年。今后，我们将在总书记回信精神指引之下，坚守初心、引领创新，更深地参与对中国文明形态的研究，特别是对传统文化进行创造性转化和创新性发展的研究，弘扬中华文明，繁荣学术研究。

【同期声】马文啸　山东大学 2016 级英语与国际政治双学位专业本科生

在我的家乡山东广饶，中共刘集支部旧址是首版《共产党宣言》中文译本的保存地，来到山大求学，学习倾听华岗与成仿吾两任老校长翻译《共产党宣言》的故事，从家乡到大学，红色基因的传承使我的马克思主义信仰愈加坚定，促使我成为一名光荣的共产党员。

学习外语专业，我常思考新时代的中国青年如何参与擘画人类命运共同体这幅宏伟蓝图。今年5月9日，习近平总书记给山大《文史哲》编辑部全体编辑人员回信中所说"增强做中国人的骨气和底气，让世界更好认识中国、了解中国"，振聋发聩，让我的思考有了答案：我们要将"回信精神"与专业学习相结合，讲好中国故事，传播好中国声音，展示更加真实、立体、全面的中国。

【同期声】郭新立 山东大学党委书记

百年征程波澜壮阔，百年初心历久弥坚。习近平总书记在庆祝中国共产党成立100周年大会上的重要讲话，让我们进一步感受到习近平新时代中国特色社会主义思想的伟力，深刻领悟了坚持中国共产党领导的历史必然性、马克思主义及其中国化创新理论的真理性、中国特色社会主义道路的正确性。

今年恰逢山东大学建校120周年，学校将在习近平总书记"七一"重要讲话精神指引下，结合贯彻总书记给《文史哲》编辑部全体编辑人员的重要回信精神，开展好党史学习教育，弘扬伟大建党精神，坚守"为国育贤"办学初心，扎根中国大地，服务国家战略，立足学术前沿，优化学科布局，赓续红色血脉，厚植爱国情怀，促进中华优秀传统文化创造性转化和创新性发展，为构建中国特色哲学社会科学体系提供山大智慧，为增强做中国人的志气、骨气、底气奉献山大精神，为服务国家富强、民族复兴、人民幸福贡献山大力量。

视频刊播于2021年7月19日

刘培超：流淌的民谣

清澈旋律　成长琴弦

视频文稿

些许跃动的文字，就会翻开记忆的入口。

几枚不甘的音符，便会集合起往事的合唱。

浪漫与激情醒来，喧嚣与躁动铺开，民谣便从诗意的青春里滚滚而来。

寂静的长椅上，那些游向孤独的乡愁；淡淡的清风中，那些攀援时间的梦想；空荡的宿舍里，那些宽解风雨的迷茫。

荡漾着青春的双手，握住琴弦热烈的腕掌，沸腾的民谣便四处泛滥。不羁的文字挂满枝头，放浪的音符铺满草尖。俯首婉转的时光，隔着旋律，与苍茫的校园互诉衷肠。

幽深的回眸处，熟悉的旋律，将满地的音符，缝合成一张网。本想勾描蹦跳鲜艳的青春，平静的河岸却堆满，岁月风干的句点。孤独的歌喉，无奈涌动着潮湿的嗟叹。

（朗诵者：越疆科技创始人、山东大学机械工程学院 2007 级校友刘培超）

视频刊播于 2021 年 9 月 5 日

学生文化生活

光影山大

疏疏光影　百廿风华

一九〇一年的沧桑
黑的云，暗的光
风雨飘摇中诞生
为天下储人才，为国家图富强
黄钟大吕响传华夏
无形的光，你穿透了时间的身体
无重的影，你闯过了历史的烟尘

一百二十年的历程
仰看云，追逐光
苦难辉煌中砥砺
无名的奋斗，你总是不变崇实品格
无限的青春，你一如永远创新芳华
二〇二一年的壮丽
你是云，你是光
光影映照着山海
无悔的担当，你守着育贤百廿初心
无私的情怀，你踏上强国万里征程

视频刊播于 2021 年 9 月 20 日

视频文稿略

青未了

时代不惑　未来可期

这里流淌着五千年的长河
哺育文明的谷穗
这里矗立着两千年的泰岳
撑起文脉的山梁
历史不居
却曾在这里放慢了脚步
聆听鸿儒的金声玉振
沐浴尼山温润的月色

这里飘摇过百廿的风雨
濯洗家国天下的心
这里历经着世纪的砥砺
磨亮崇实担当的格
时代不惑
在这里泪湿过眼眸
为攀天遁地的勇与赤诚
为博施济众的爱与牺牲

这里守护万家灯火的安宁
点燃服务民生的薪传
这里枕戈科技强国的朝夕
启领世界前沿的征程
未来可期
就在这里欣赏山高海阔
助生命完美，致太空梦想
数文化的青峰，咏创新的诗篇
立报效祖国的志
唱扎根大地的歌

视频文稿

【解说词】

东临黄海，南望泰山，这片齐鲁沃土孕育了中国近代高等教育的起源性大学——山东大学。作为中国第一所按章程办学的大学，她已走过120年的历程。“为天下储人材，为国家图富强”，既是写入章程的办学宗旨，也是融入山大人血脉的使命担当。家国情怀、崇实品格和担当精神，源源不断地吸引着有识之士加入山大，共同铸就山东大学的百年辉煌。

【同期声】王学典 山东大学讲席教授 《文史哲》杂志主编

1979年，国家恢复高考的第3年，我有幸考入山东大学历史系。42年来，学于斯，长于斯，未曾离开过半步。从青葱少年到年近古稀，山大塑造了我，成就了我。作为植根于孔孟故乡和中华文明摇篮里的山东大学，一直被古典学说、中华文化深深浸透。

2021年5月9日，习近平总书记给《文史哲》编辑部全体编辑人员回信，对这所大学的文史学者又多所勉励。《文史哲》杂志是这座学府“文史见长”美誉的最好见证，山东大学一直以研究、探索中华五千年文明的起源与发展为己任，所有认同这一使命的年轻朋友，请加盟山东大学。

【同期声】秦莹莹 国家杰出青年基金获得者

1995年，我初涉医学，那时医学是我实现的儿时的梦想，是我的学业。

如今，她已经成为了我的事业和毕生的追求。

20多年来，“博施济众，广智求真”的齐鲁医学精神，一直指引着我不断前进。从一名医学生到一名临床医生和医学教育的管理服务者，每一步的成长都离不开山大的培养和支持。山东大学生殖医学团队经过几代人的努力，已经具备了世界一流的科研实力，我们已经成为世界生殖治疗、临床研究的领导者。我们也始终以培养最优秀的本科生和最具创造力的研究生为荣。

展望下个10年，在国家需要、人民受益的使命驱动下，在学校的大力支持下，力争在高端医学领域取得更大的成绩。我们也期待愿为中华民族伟大复兴而努力的你们加入，一起踏上更远的征程。

【同期声】王冀鹏 国家海外青年专家 山东大学齐鲁青年学者

2017年，我受邀回国参加了第二届齐鲁青年论坛。当时也是考察了多家高校，山东大学给予青年人才的支持条件是非常有竞争力的。特别是在我从事的岩土工程这个方向，山大取得的成就也是有目共睹。比如，在川藏铁路、滇中引水、青岛胶州湾海底隧道等国家重大工程中都有山大土建人的身影。在学校、学院和团队的大力支持下，我也得到了充分的锻炼和成长，今年也入选了国家“四青人才”。

山东大学拥有众多高水平创新团队，都在努力拼搏，为祖国的科技创新贡献力量。百年名校，正绽芳华，山东大学期待你的加盟。

【同期声】陈耀 长江学者特聘教授 国家杰出青年基金获得者

“天河”出征太空，“天河”着陆火星，北斗导航系统，嫦娥探月工程……在中国航天和空间科学事业发展中的里程碑事件中，山东大学空间科学团队深度参与其中，我们在空间科学与探测技术方向的研究优势日益凸显。成绩的背后，是学校在政策及资源上的持续支持，使我们在人才引育、学科建设、科研创新和重大任务承接能力上都取得了长足进步。同时，学校还充分借助区位优势，在威海校区开展海洋学科及东北亚问题特色研究。践行高校使命，服务国家战略，走向深蓝，面向未来，我们一直在探索，期待与你同行。

【同期声】胡思煌 山东杰出中青年学者 德国洪堡基金获得者

从 2014 年博士毕业到海外留学，到 2019 年入职山东大学，我很幸运地赶上了国家大力引进海外人才的时机。网络空间安全学科的发展需要交叉融合，以数学为主的基础学科和以计算机控制为主的应用学科，山大在这些方面都有一流的实力。山大有完善的杰出人才发展体系，人才发展路径非常畅通，而且学校在平台、经费、住房、医疗、子女教育等方面的全面保障，让我能够安心地教学科研。

梧桐树已栽，只待凤凰栖。欢迎来到山大青岛校区，与我们共赏海天一色。

【解说词】

双甲子风云变幻，山大人初心不渝。迈向全面建设社会主义现代化新征程的号角已经吹响，建设世界一流大学的时代使命已肩负在身。我们将加速夯实人才基础，着力打造新时代精英云集高地。

【同期声】

面向未来，我们已蓄势待发。等你加入，携手更续百年辉煌。

视频刊播于 2021 年 9 月 28 日

丹心报国　桃李群芳

粗砺能甘　纷华不染

“为谁培养人”
这是一张关于初心的答卷
以一名老党员的自觉
锻造镰刀与锤子的光荣
饱蘸滚烫的赤诚写下
为党育人，为国育才

“培养什么人”
这是一张关于时代的答卷
用一个科学家的本能
锻压日月接星辰的岁月
磨砺坚守的奉献写下
堪当大任，科研强国

“怎样培养人”
这是一张关于使命的答卷
用一位教书者的品格
锻铸桃李自芬芳的故事
含咀温暖的传承写下
学为人师，行为世范

视频文稿

【解说词】

对于同学们来说，这是一次特殊的奖助学金发放仪式，但对材料科学与工程学院来说，这已经是保留多年的传统了。学生的成长一直是赵国群所关心关注的。他带领学院践行立德树人根本任务，牢记为党育人，为国育才使命，把培养教育好学生作为首要职责。

党建工作要提升，根系必须扎深扎牢。“3+5”党建工作方法，“双带头人”建设，六个规范、四项创新建设模式，一个个党建工作举措扎根材料学院沃土，为学院快速发展持续输送充足的水分与养料。强化党建引领，健全支部制度，激发原生动力，确保学院这棵大树向下扎根，向上发芽，枝繁叶茂。

在赵国群的带领下，学院党委入选首批全国党建工作标杆院系，塑性成形工艺与模具技术党支部入选首批全国高校“双带头人”教师党支部书记工作室。

一个人离开了组织，干不成大事，一个团队没有党的领导，打不了硬仗。赵国群把党建工作深度融入科技攻关，支部建设与科研团队建设有机融合，紧密对接国家需求，同题共答促进发展，以高质量党建引领科研高质量创新。众多成果被广泛运用于我国高速列车、地铁轻轨、轻量化汽车、军工和大型工程结构的重要领域。

【同期声】赵国群 山东大学材料科学与工程学院院长 教授

谈起党务工作，我觉得自己就像一名锻造工，需要用爱党热情点燃事业激情，千锤百炼，把工作做专做精。做好服务师生工作，传播党的理论思想，把党委与支部锻造成型，为学院事业发展保驾护航。

视频刊播于 2021 年 10 月 2 日

我们

记录温暖　雕刻时光

视频文稿

路，从此刻开始。

做梦想的行者，我们走过柳暗花明。

感受大学的温度，我们记下一路美景。

时光流转，岁月斑驳。

我们看见，植根文化自信的耕耘；

我们看见，推演中国公式的收获；

我们看见，擦亮蔚蓝天空的执著；

我们看见，点燃生活希望的奉献。

我们看见，极地、海洋、深空，与自然长情对话；

我们看见，感动、勇毅、坚守，携温暖一路前行。

四载风雨，八校三地，行稳致远的路上，我们初心如磐，步履铿锵。

记录生活，看见精彩。载誉归来的背后，我们心中有梦，不甘平凡。

我们走了很远，我们继续挑战。遇见未来，感受温暖，我们是奋勇奔跑的少年。

因为山大，所以百微。

视频刊播于 2021 年 10 月 7 日

这里是山大

崇实求新　为国育贤

初阳托升希望　每日清新
晨钟召唤学子　温故知新
木欣欣以向荣　小树成林
泉涓涓而始流　大成集汇
春风化雨润泽　灼灼桃李
意气风发少年　烈烈青春
传承未疾医理　妙手仁心
倾力中国制造　创新驱动
互联信息世界　志在云天
百年洪楼沃土　滋兰树蕙
一往情深家园　梦萦魂牵
传道授业在兹　斯文一脉
至真至善至美　大学明德
志于道据于德　君子弘毅
依于仁游于艺　天工巧夺

摘星探海接亚　知行合一

再酝蓝色新梦　海阔天长

为天下储人材　学无止境

为国家图富强　气有浩然

视频刊播于 2021 年 10 月 12 日

爲天下儲人材

山东大学办学宗旨石刻

回响的校歌

稷下竹韵　泠然新声

东临黄海，南望泰山，
这里是我们追求真理的乐园。
天行健，君子以自强不息；
薪火传，学子要与前贤比肩。
为天下储人才，放眼五洲；
为国家图富强，求索万年。
志向远大，气养浩然；
学无止境，不畏登攀。
奋斗啊，奋斗啊，为了中华民族崛起；
奋斗啊，奋斗啊，为了人类美好明天。
我们是崇实与求新的朝气勃发的青年！

视频刊播于 2021 年 10 月 13 日

百廿山大　强校兴国

学无止境　气有浩然

在大地的图志上
该怎样为你标记？
泰岳苍苍，海潮茫茫
文明沃土，文化长河
齐鲁沉厚，神州广袤
大学之道，斯文在兹

在历史的轴线处
该如何为你断代？
救亡时代，发愤图强
创业年华，艰苦卓绝
改革激荡，千帆竞发
弥新百廿，追求卓越

在德的底蕴里，你要怎样传承？
在未来的征程上，你又将如何开创？
家国情怀，视野是天下观照
担当精神，初心是育贤使命

崇实品格，脚下是报国征途

创新素养，聚力为强校兴国

视频刊播于 2021 年 10 月 14 日

视频文稿略

这里，有光

丰子恺先生有诗言：“最喜小中能见大，还求弦外有余音。”《百微山大》作为当下这个大时代里以影像叙事的小作品，是基于高等教育场景弘扬真善美的一种有益尝试。她以大学精神之光华观照社会文明，以个体微光之温暖感动日常生活，以光影语言之生动讲述教育故事。

大学精神，是时代的光

在万物生灵中，人类的特别之处在于拥有创造力、敢于梦想并付诸实践以及对幸福生活孜孜不倦的追求。这些特别之处蕴含于人的自然天性之中，推动着我们的社会不断前进。归根到底，这些特别之处，是一份可爱的天真。

大学是思想的高地、文明的灯塔和创新的源泉。“大学之道在明明德，在亲民，在止于至善。”大学之精神，在于弘扬正大光明的品性，守护人类那一份可爱的天真。

这天真，是好奇之心，是对新知的渴望，对自由的开启。

犹如鲲鹏展翅，御风而行，以游无穷，所谓“北冥有鱼，其名为鲲。鲲之大，不知其几千里也；化而为鸟，其名为鹏。鹏之背，不知其几千里也；怒而飞，其翼若垂天之云”。

这天真，是向善之心，在对道德的召唤，对理想的奔赴。是故克己复礼，见贤思齐，化民成俗，仿佛“一颗树摇动另一棵树，一朵云推动另一朵云，一个灵魂唤醒另一个灵魂”。

这天真，是爱美之心，是对情感的陶冶，对美好的向往。好比空谷幽兰，清风为邻，明月入梦，乃至“充实之谓美，充实而有光辉之谓大”。要想得到美、实现美，先要有美的心灵和健全的人格。“假如要去形成一个人，那便必需由教育去形成。”大学者，囊括大典，网罗众家之学府也，莫不希望“得天下英才而教育之”。大学首先塑造的，正是青年人的情怀、气质、胸襟和格局，让他们成长为内外兼修、身心俱美的人。

《百微山大》植根于百廿学府文化沃土，坚持以弘扬大学精神为己任，在选题策划上，将真善美的情感融于高校的人才培养、科学研究、社会服务、文化传承与创新的生动案例之中，一个个鲜活的场景所折射出来的，是这个时代的光。

生生不已，是个体的光

陶行知先生曾经说过：“什么是生活？有生命的东西，在一个环境里生生不已的就是生活。譬如一粒种子一样，他能在不见不闻的地方而发芽开花。”生活需要播种者，那些具有典型意义的个体，就是我们身边的播种者。他们播种的是正能量的故事，这些故事如同荧荧烛火，照亮着、温暖着、引领着更多的人，让平凡生活变得不简单，让素朴情感变得更动人，让心灵天空变得更晴朗。

讲故事契合人类追求情感体验的本能。《百微山大》探索的，是一种运用故事化叙事塑造形象的表达方式。

在叙事内容上，以生活化叙事塑造人物，讲好学者、学子、学园的故事。在《当数学遇上彭实戈》中，彭实戈院士娓娓道来如何不用“蛮力气”攀登科学高峰；在《大山里的山大人》中，山东大学研究生支教团连续二十年把梦想的种子播在大山孩子们心田；在《薛其坤：心中的雕塑》中，山大光学1980级校友薛其坤院士用诗歌重温母校一草一木。

在叙事话语上，以视听化语言打破时空界限，运用动漫、原创说唱MV、深度报道等多种体裁生动呈现。在《两任校长与〈共产党宣言〉的故事》中，通过动画展现出老校长华岗和成仿吾将红色基因注入山东大学文化血脉；在《你有多美》中，山东大学医疗队驰援武汉的家国情怀和担当精神在音乐与画面的交融中直叩人心；在《海洋山东的山大情怀》中，记者深入探访山东大学产学研一体化服务山东战略，让人感受到科技的支撑力量。

在叙事受众上，以情感认同激发群体效能，把握节点契机吸引圈层受众。在山东大学120周年校庆节点，推出《回家》《回响的校歌》《百廿山大　强校兴国》；在全国夏季高考时间节点，推出《写给未来山大人》《输入你的山大密码》《闪亮你的山东大学星》《“医”路同行在山大》；在高校毕业季时间节点，推出《攀登者》《探路者》《建设者》。一幕幕生生不已的叙事场景，描绘了大写的人，绽放出个体的光。

《百微山大》，是影像的光

影像是光的魔法，是一种意味深长的表达。一路走来，山东大学广播电视台以光影艺术记录、保存、传播山大之美好。

1994 年 11 月 3 日，经广播电影电视部批准，山东大学有线电视台建成开播，成为山东省首家经国家批准建立的高等院校有线电视台。

1997 年 9 月 20 日，山东大学电视台通过有线电视播出了第一期新闻节目，当年手写的《山东大学有线电视台节目播出审批表》至今保存在学校档案馆，而此后很多年，山东大学教职员工都保持着每周六晚观看《山大新闻》的生活习惯。

2001 年，山东大学百年校庆之际，山东大学电视台与山东电视台联合制作宣传片《百年山大——与世纪同行》，此后接连推出《余光中在山大》《山之魂　海之韵》《为了校园的健康——抗击“非典”专题片》等让人印象深刻的电视作品。这一时期，全国领先的联网联播工程竣工，山东大学多校园实现同一个声音播出广播电视节目，极大地丰富了师生校园文化生活。

2014 年，山东大学电视台与山东大学广播台合并组建山东大学广播电视台，负责学校广播电视台建设、广播电视节目的制作播出以及新闻活动音视频采集、归档、留存、共享等工作。

2016 年，随着山东大学新闻传播学院的成立，山东大学广播电视台由学校党委宣传部下辖整体划归学院建制，成为新闻传播学科建设与人才培养的有机支撑。

2017 年，山东大学广播电视台在学校党委宣传部、新闻传播学院领导与指导下实施“百部微视频工程”，重点打造推出《百微山大》，由此开启新媒体环境下高校传统媒体转型的创造性探索之路。四年来，《百微山大》团队的足迹遍布全球 125 座城市，行程 10 余万公里，采访近 400 位嘉宾，撰写 20 余万字编导手记，拍摄 5 万余分钟视频素材，获得“中国高校电视奖”“全国高校优秀网络栏目精品奖”“山东省文化创新奖”“山东大学先进集体”等多项荣誉，被中央电视台《新闻联播》评价为“运用新媒体、新技术，将思政工作做到学生心坎上”。

百廿学府，熠熠辉光。如今的山东大学广播电视台，业已成为学校大宣传格局中不可或缺的组成部分，《百微山大》即是其中一张享誉校内外的光影艺术文化名片。展望新征程，我们将坚守初心砥砺奋进，持续为学校各项事业高质量发展贡献绵薄力量。

最后，感谢每一位讲述者，是你们的故事，让新时代的山东大学更加精彩生动。感谢每一位关注者，是你们的目光，让《百微山大》变得更有价值意义。感谢每一位虽没有署名却始终在参与、关爱、支持《百微山大》的你，是你的力量，助推着我们行稳致远。此外，还要特别感谢山东大学出版社王贻社总编辑和诸位编辑，是你们的专业和敬业，让 120 部视频作品巧妙地化作纸上墨香，让《百微山大》以融媒体图书的形式可听、可看、可触、可感。囿于主创团队的水平和学识，书中刊列视频文稿及推文难免有疏漏遗憾之处，敬请广大读者批评指正。

你们，是《百微山大》的光。

我们，相互辉映，共同成长。

《百微山大》栏目组　孟丽

2021 年 10 月